2018

CREATIVE MANAGEMENT REVIEW

創意管理評論 第3卷

Volume 3

主编 杨永忠

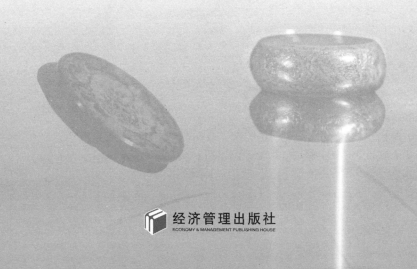

经济管理出版社
ECONOMY & MANAGEMENT PUBLISHING HOUSE

图书在版编目（CIP）数据

创意管理评论 . 第 3 卷/杨永忠主编 . —北京：经济管理出版社，2018. 10

ISBN 978-7-5096-5990-8

Ⅰ.①创… Ⅱ.①杨… Ⅲ.①管理学—研究 Ⅳ.①C93

中国版本图书馆 CIP 数据核字（2018）第 206280 号

组稿编辑：郭丽娟

责任编辑：刘 宏

责任印制：黄章平

责任校对：王淑卿

出版发行：经济管理出版社
　　　　　（北京市海淀区北蜂窝 8 号中雅大厦 A 座 11 层　100038）

网　　址：www. E-mp. com. cn

电　　话：（010）51915602

印　　刷：北京玺诚印务有限公司

经　　销：新华书店

开　　本：720mm×1000mm/16

印　　张：10. 75

字　　数：139 千字

版　　次：2018 年 11 月第 1 版　　2018 年 11 月第 1 次印刷

书　　号：ISBN 978-7-5096-5990-8

定　　价：78. 00 元

编委会名单

征稿启事
Call for Papers

创意管理学是从微观管理角度系统研究创意管理活动的基本规律和一般方法的一门科学。它是一门正在迅速成长、充满勃勃生机的工商管理新兴学科，以管理学研究方法为基础，涵盖艺术学、社会学、经济学、制造科学、计算机科学等相关交叉学科。在这一科学领域，存在许多未开发的处女地，蕴藏着丰富的创意宝藏。

作为推动创意管理学形成和发展的专业性学术刊物，《创意管理评论》集刊由四川大学创意管理研究所主办，由国内外相关领域知名学者担纲顾问和联合主编。《创意管理评论》本着兼容并蓄的开放性学术理念，坚持研产结合的办刊方针，实行国内外同行评议制度，为创意管理学的发展提供一个专业、规范和雅俗共赏的思想分享平台。

《创意管理评论》主要刊登从企业管理视角、应用管理学研究方法探讨创意管理的高水平学术论文和探索性实践文章，近期重点关注创意产品开发、创意企业运营、创意产品营销、创意产品价值评估和文化企业家行为等微观管理领域，热忱欢迎相关领域的国内外专家学者赐稿，分享您对创意管理的专业观察和深刻洞见，我们真诚地期待着。

投稿邮箱：cyglpl@163.com

联系电话：028-85416603

地　　址：四川省成都市一环路南一段 24 号四川大学商学院 613《创意管理评论》编辑部

邮　　编：610064

《创意管理评论》编辑部

主编寄语

  把创意作为管理的研究对象，可以追溯到创新管理，创意作为创新管理的模糊前端被提及。但由于创新管理关注的核心和重点是创新问题，因此，数十年来，这一模糊前端始终处于较为模糊的状态：或者一笔划过，或是寥寥数行，或是以头脑风暴表述，或者以合理化建议呈现。总之，是一种轮廓化的"素描"。所以，到今天，西方还没有像创新管理一样，形成一个系统化的创意管理研究领域，构建起一个管理学的分支学科。在中国，追随西方创新管理的思维与逻辑，也自然局限了我们对创新管理的反思与批判、对创意管理的想象与探索。

  事实上，沿着创新的管理路径溯流而上，当我们重新审视创意，也许我们会发现创意这一广袤的大地，一如长江之上壮阔的青藏高原。我们会惊讶，创意本身蕴藏的巨大力量。这一力量，并不仅仅局限在创新范畴——

作为创新的前端而存在而附属。创意，本身就是资源的富矿，是资本的引爆点，是新经济的推进器，是老产业的催化剂。这一巨大的力量背后，其强有力的支撑，正是文化！

让我们看看乔布斯吧！他推动的苹果公司给全世界带来的一波又一波创新性的冲击，深刻地改变了人们的生活方式，其灵魂正是乔布斯的伟大创意。他的创意，来源于东西方文化的融合，来源于乔布斯在喜马拉雅山脉对东方文化的朝圣之旅。所以，与其说苹果是创新的产物，不如说苹果是创意的结晶。它高高飘扬的经幡，诠释了文化的博大精深。

当回到文化的源头，我们意识到，从创新视角去观察创意，仅仅是创意大幕的开启，并不足以展示创意磅礴的力量。或许，这根本上是一种西方式的研究表达。从文化的视角，才能更宏大地发现创意，才能更根本地把握创意，才能更加自信地去重拾我们这片古老大地那份曾经耀世的荣光，也才能在今天更加开放而紧张的世界格局中把我们文化的伟大加以更具核心竞争力的表达。

对今天处于新时代的中国，我们看到了这种可能。创意，无疑是当下比创新更重要，也更具有开启意义的宝藏。伴随着文化自信，中国必将迎来创意的春天，一个更伟大的创新时代也必然可以期待。

最近几年来，中国管理学界一直在热烈讨论和深切关注中国管理学者对世界管理学发展的贡献。我们应该意识到，相较于西方专注于创新管理——由西方文艺复兴所带来的人文思想解放引致的创新探索，中国管理学者更需要重视创意管理——由全球"第二次文艺复兴"所带来的人文创造力释放，可以更好、更持久地支撑创新。这是中国式创新的一种内生表达，也是中国管理学者的内生性创新路径。

这一更加突出厚重的中国文化所激发的管理思想，也才能更加彰显中国的内在力量。

目 录

CONTENTS

创意管理评论 · 第3卷
CREATIVE MANAGEMENT REVIEW, Volume 3

创意管理前沿

Creative Management Frontier

中国创意管理研究进入研产学政合作创造时代[*]

◎ 谢伟明　宋小婷　杨　渃^{**}

摘要： 为推进创意管理学的发展，推动创意管理学在创意产业、文化产业中的应用，实现研产学政融合，四川大学创意管理研究所和四川省对外文化交流中心共同发起，来自政府、企业、高校的140名文化创意领域人士在成都举办了"中国创意管理成都论坛"。论坛宣布成立中国创意管理成都联盟，论坛从创意管理学发展、创意管理与创意产业、文化贸易与国家战略、当代传承与创新、传统文化的创造性转化、县域文化产业发展路径探索等方面进行深入研讨。创意管理学成都论坛的举办及中国创意管理成都联盟的成立，标志中国创意管理研究进入研产学政合作创造时代，为创意管理学、创意产业、文化产业融合

---

　　* 基金项目：国家社科基金重点项目"推动文化产业成为国民经济支柱产业"（12AZD018）；国家自然科学基金项目"基于制度关系的创意产业文化、技术、经济的融合研究"（71173150）；教育部新世纪优秀人才支持计划"创意管理学的形成与发展"（NCET-12-0389）。

　　** 谢伟明，四川大学创意管理研究所博士研究生，研究方向：文化企业价值评估；宋小婷，四川大学创意管理研究所博士研究生，研究方向：文化创意管理；杨渃，四川大学商学院博士研究生，研究方向：文化创意管理。

发展构建桥梁，为创意管理研究构建良好合作平台。

关键词：创意管理；合作创造；成都论坛

为更好地推进创意管理学的发展，响应四川大学"双一流"建设目标和"川大学派"创建，促进具有川大特色的新兴学科和学术发展，更好地向各界发出川大的声音，展示川大智慧，彰显新时代背景下百年名校的责任担当和人文情怀，由四川大学主办，四川大学商学院、四川大学创意管理研究所联合四川省对外文化交流中心、四川省文化艺术发展基金会、成都市武侯区文体旅游局，于 2017 年 11 月 24 日在四川大学联合举办了首届"中国创意管理成都论坛"。来自复旦大学、中国科技大学、四川大学、南开大学、对外经贸大学、暨南大学、东华大学、台湾实践大学、深圳大学、西南民族大学、海南热带海洋学院等知名高校，泸州老窖、许燎源现代设计艺术博物馆、台湾舒活创意管理顾问公司、澳门文化创意产业研究中心、英中贸易协会成都代表处、四川文化创意产业研究院等知名企业和社会组织，共约 140 人出席了会议。

大会诵读了中国创意管理"成都宣言"，宣布成立中国创意管理成都联盟，由四川大学创意管理研究所、四川省对外文化交流中心和许燎源现代设计艺术博物馆共同发起，16 家海内外知名文化创意机构组成首届联盟主席团成员。杨永忠、傅兆勤、许燎源担任联盟首任联合主席。"联盟"将以"构建平台、专业推动、价值提升、合作共赢、创新发展"为宗旨，以成为"政府、企业、学校三方的纽带"为导向，以建立"文化创意与商业管理之间的桥梁"为目标，建设成为一个国际化、多元化、特色化的创意管理国际知名社会组织。中国创意管理联盟在成都的诞生，彰显了在四川大学创意管理研究所的开创性探索下，以成都为重要生长平台的创意管理学派的崛起。

大会形成的系列成果反映了创意管理发展的新趋势，标志着创意管

中国创意管理研究进入研产学政合作创造时代

The Research of China Creative Management Has Entered the Era of Creation by the School and Government Cooperate in Research and Production

理学迈入研产学政合作创造、共同推进的新时代，必将为推进中华文化兴盛做出积极贡献。

一、协力推动创意管理发展

大会开幕式由四川大学创意管理研究所所长、中国创意管理学的开创者杨永忠教授主持，四川大学社会科学处副处长李昆宣读了杨兴平副省长关于《首届中国创意管理成都论坛相关材料》的批示。杨兴平副省长指出，中国创意管理成都论坛将进一步促进优秀文化资源向文化资本创造性转化，推动中华文化和四川文化更好地"走出去"。在下一步工作中，要深入学习贯彻党的十九大精神，以习近平新时代中国特色社会主义思想为指导，努力推动文化产业创新发展，为谱写中国梦四川篇章做出积极贡献。

四川大学商学院副院长顾新教授代表四川大学商学院致辞。他提到，四川大学高度重视跨学科的发展，在四川大学商学院的支持下，四川大学创意管理研究所以学术创业为导向，于 2010 年起步，2014 年 7 月正式由四川大学批准成立。2014 年 10 月建立国内首个在工商管理学科的文化创意管理博士培养点；同年出版《中国创意管理前沿研究系列》丛书；2016 年出版国内首个针对微观文化创意管理的学术期刊《创意管理评论》，从学术层面不断推进创意管理学在中国的发展和深化。同时，四川大学创意管理研究所陆续开展创意管理学者沙龙、文化企业家讲坛、创意成都夜话以及其他与政府、企业的合作项目，切实有效地以产学研结合方式推动创意管理学从理论向实践成果的有效转化，成为国内有影响、富有特色的文化创意产业研究阵地。希望通过此次成都论坛，让社会更多地了解创意管理学与中国的创意管理实践，四川大学商学院愿与大家一道携手并进，共谋发展。

四川省对外文化交流中心傅兆勤主任发言时指出，近年来，四川省文化产业呈现蓬勃发展态势，但文化产业在四川省的 GDP 中的占比同发达省份的占比相比还有较大差距。中国创意管理成都论坛召开和中国创意管理成都联盟的成立，将有助于发挥资源平台优势，推进文化创意深度融合。希望中国创意管理成都论坛、中国创意管理成都联盟以市场需求为突破口，以产学研结合为特色，充分发挥桥梁纽带作用，积极探索文化创新发展的模式，为文化事业和文化产业大繁荣、大发展贡献智慧，担当起文化创意理念的传播者、供给侧结构改革的促进者、资源要素的整合者、转型发展的推动者，发展成为政府的助手、产业的扶手、市场的推手、企业的帮手，激励更多的优秀文化创意在资本市场实现转化与发展，构筑创意产业集群，推动创意向产业链上下游延伸，促进彰显中国气派、富集巴蜀特色的文化软实力建设。

成都市武侯区文体旅游局龚婧局长发言时表示，围绕成都建设全面体现新发展理念的国家中心城市和世界文化名城的战略目标，武侯区勇担"中优"使命，面向"文创武侯"，充分发挥武侯文化资源优势，将重点发展音乐产业、创意设计、数字娱乐、影视传媒、文博旅游、体育产业等主导产业，着力打造三国蜀汉城、成都音乐坊、"水润天府"环城生态旅游带、四川国际文化人才港·智谷汇等文创产业集群，通过产业转型、业态创新，不断提升文化品位，不断做大文化品牌，为武侯区建设"历史文化名区、西部文创强区"提供产业支撑。武侯区将加强与四川大学的校地合作，期待中国创意管理成都论坛、中国创意管理成都联盟助力武侯区发展，实现共赢。

二、创意管理与创意产业

东华大学工商管理学院高长春教授在大会发言时提出，时尚创意管

中国创意管理研究进入研产学政合作创造时代

The Research of China Creative Management Has Entered the Era of Creation by the School and Government Cooperate in Research and Production

理从实践性角度出发有六个方面的新思维：一是时尚创意经济本身就构成一个新的思维；二是建构创意城市的新思维；三是学习曲线中价值创新思维；四是人工智能创意设计新思维；五是创意产业集群的极化思维；六是互联网思维下的大文化产业思维。在这些新思维中，要打好创意这一主体牌，才能够在未来发展的所有产业当中逐渐地渗透到文化这一层面。

复旦大学管理学院卢晓博士指出，商业精品路线的创意与管理就是将文化转化成现金流。首先要找到中国人与生俱来的独特理念，以实现价值创造。其次，树立起企业自己的文化价值观，并落实到商业模式。最后，制定发展策略，确定产品路线，逐渐地建立起自己的企业品牌，这是一个系统工程。

中国科技大学管理学院刘志迎教授认为，从创意提出到创意商业化的中间过程呈现循环递进式。这种循环递进式就是我们讲的创意、创新、创造、创业。经过"四创"循环和不断的循环迭代，才能实现从创意到创业的商业化之路。任何一个环节不通，都不能实现商业化。

暨南大学创业学院院长张耀辉教授指出，创意产业化有其内在规律。第一条规律叫小产权控制大价值，版权是最核心的。第二条规律是媒体的发酵作用。不借助媒体，内容很难推广出去。第三条规律叫震荡规律，创意资源不仅不会消耗，而且会层层放大。第四条规律是创意，是增加最大附加值的手段。

南开大学产业经济研究所所长杜传忠教授认为，国际制造业发展在智能化、绿色化、网络化的基础上，出现了显著的文创化趋势。在国际竞争中，如果说以前技术是超越资本、劳动、土地等传统要素的制胜法宝，那么今天文化创意已逐渐成为超越技术竞争之上的新的制胜利器。

台湾实践大学财金系主任廖志峰认为，金融关注影视的问题主要有三点：第一是制作成本，第二是制作周期，第三是退出渠道。但当创作需要跟商业互动，跟观众、投资者互动，或是进行纯金融运作时，这对创意未必有利。因此，让那些传统的艺术和创意人才获得资金的保障，极为重要。

四川大学商学院毛道维教授认为，任何一种产品都有主体间性问题，文创产品需要从主体间性出发研究产品：研究消费者的人性需求，满足人性的某种欲望；研究中国人的社会关系需求，满足人情的某种需要。

成都许燎源现代设计艺术博物馆馆长许燎源指出，生命的意义在于体验，从这个角度出发，商道即人道，对人的洞察也就是对商业最深刻的洞察。所有企业应该认真研究人的生活方式，对生活方式的研究就是对经济形态的研究。通过对消费者生活方式的多维度的研究，基于创意最终实现商业转化，文化行为就变成了经济行为。

台湾苏活创意管理顾问公司总经理张庭庭指出，真正的文创是运用创意将文化与商业进行有机融合，把不同时空的人之生命经验或情感印记联结起来。文化到创意的品牌价值位阶有三个，又称"三生"。第一是生存层面的突破，第二是生活境界的探索，第三是生命视野的开拓。

泸州老窖股份有限公司销售管理部总经理李宾认为，中国白酒的发展过程，是一个不断创新、不断引领时尚的过程。泸州老窖 1573 作为中国酒文化传承与传播的代表品牌，其管理的核心在于三个"自信"：产区自信、文化自信和品质自信。

成都星娱文化传媒公司董事长王开昕指出，文化产业必须注重经济效益，所以它要遵循市场的规律。文化要通过生产、流通、分配、消费这一系列的标准化流程，才能实现产业化。

中国创意管理研究进入研产学政合作创造时代

The Research of China Creative Management Has Entered the Era of Creation by the School and Government Cooperate in Research and Production

三、文化贸易与国家战略

四川省文联主席郑晓幸指出，新一轮的文化开放已经不是我们原来的传统东部、西部概念，民族的就是世界的，中国文化"走出去"的资源富矿在西部，在四川。近些年四川的一些非遗项目包括羌绣、藏绣、蜀绣，与国外的大公司如爱马仕、古驰对接，已开始走进国际时尚的高端市场，增强了国际文化市场对中国文化的价值认同。在新时代背景下，文化"走出去"战略要进一步加大文化贸易力度，更多地利用商业渠道和市场力量推动文化"走出去"。创意管理应该为我国文化从送出去到卖出去这一大步转变做好服务。

对外经贸大学文化与休闲产业研究中心主任吴承忠教授认为，最近几年国家对对外文化贸易非常重视，但专项文化企业海外投资政策是一片空白。中央政府层面应该由目前的重点抓对外文化贸易阶段转向对外文化贸易和文化海外投资并重阶段，实行双轮驱动战略。通过战略的政策引导，发挥文化海外投资带动对外文化贸易的重要作用。

海南热带海洋学院副校长廖民生教授指出，新时代创意海洋旅游产业发展战略，必须改变现有海洋旅游的模式，探索生态，研究深海，加强全球的海洋治理和资源管控，重新塑造海洋经济结构。

四、传统师徒制的当代传承与创新

国家文化产业创新与发展研究基地西部研究中心主任马健指出，今天师徒制面临的最大挑战，从徒弟的角度讲，这些新生代的年轻人跟上几代作为徒弟的年轻人相比，具有很多新的特点，也对师傅提出了更多的挑战。佛教里讲到三种布施的境界，第一是财布施，即施人钱财替人解难；第二是法布施，教人做人和做事的方法和道理；第三是无畏布施，就是给人一种希望，让人无所畏惧，可以为当代师徒传承提供启示。

中国非物质文化遗产"成都漆艺"传习所所长杨莉尔倩提到，在当今快速发展的社会中，我们也将师徒传承问题提到了一个高度。我们用数字化以及学校的作用改变了传统做法，通过媒体的应用，我们让师傅制作过程的每个动作都可以分段地进行分解，让学生反复地看，反复地学习，而不像以前手把手地口传身授。新媒体的出现给我们带来了非常好的捷径，也让我们看到了光明的前程。有了数字化的介入，让我们的传承更加方便、快捷，也让非遗质量可以得到提升。

北京中银（成都）律师事务所创始合伙人李新卫指出，从法律关系来分析，古代的师徒传承不是一个法律制度或者法律关系，是一种有别于法律关系的特殊关系，更多的是一种伦理、宗法的约束关系（家有家规）。近代工业化发展以及新教育方式出现以后，各个行业对于师徒制有了新的应用，打破了原来的纯粹师徒关系，在不同领域出现了许多新型的合作关系。这种关系越来越呈现受法律规定而被约束以及调整的一种变化的关系。

四川文化产业职业学院非物质文化遗产学院院长陈思琦认为，非物质文化遗产世代以来大多数都是以口传心授的师徒制方式进行传授，但存在一定的问题。今天在教学上，通过确立非物质文化遗产的一种"教育传承"的观念，改变了以往以"传承人"为主导的势单力薄的做法。通过教育这种对师徒制的创新性发展和创造性转化，实现人才培养，促进年青一代的文化担当。

四川美术馆美术创作员、新唐卡青年画家刘忠俊提到，甘孜藏区唐卡师徒制的传承方式，可以让师傅的技能非常深入地传授给学生，是学校教育无法替代的。但是它也有一个缺点：在这个传承过程中，老师的

中国创意管理研究进入研产学政合作创造时代

The Research of China Creative Management Has Entered the Era of Creation by the School and Government Cooperate in Research and Production

创造会成为学生的一个标准，第二代学生的标准又会形成第三代徒孙的标准，这样就没有创新的可能。在传统唐卡的传承中，除了师徒制之外，还应该大力提倡对徒弟创意的培养，让他们在学到传统技艺的同时，把自己的想法加进去，这样产生的作品才能更有新意，更符合艺术发展的规律。

五、传统文化的创造性转化

深圳大学文化产业研究院博士后陈能军认为，传统文化的创新首先要热爱，而且还的的确确是不能首先以效益来评估这个东西，不然就很难持之以恒地走下去。其次，有好的资源不一定能够形成一个资产，这时要借助现代科技的力量，转化出传统文化的一些新兴业态，深圳是这方面的一个代表。

国家公园体制建设推动者马卫东发言时提到，在推动青海国家公园的建设中，对传统文化的创造性转化有了新的认识。各地有各自的文化和传承，按照传统的眼光，可能看不到它的一些亮点。但当我们用另外的角度来看整个体系时，也许会发现这是一个聚宝盆，具有世界舞台上的亮点。

成都古建协会秘书长汤家凌从建筑角度谈到，中式建筑有一个优点就是它的飞檐斗拱。古代的时候，斗拱是一个承载建筑的结构性东西。到了做芙蓉古城或者很多风貌改造的时候，它反而是增加负载的东西。在做古建的时候强调建筑装饰和符号要满足三个需要：第一，安全性，必须满足它的荷载安全性；第二，美观性；第三，在美观和安全发生冲突的时候，以安全性为主。这是一种观点，应该说也是一种发展趋势。

成都壶艺工作室创始人廖奥认为，纯手工艺在创新的时候，并不完全是作品或者产品本身的创新，而更多的应该是文化创意理念，还有它周边的一些文化附加值进行创新，这才是能让一门手艺或者某个作品能够脱胎换骨的地方。紫砂分南北，北派紫砂大家比较熟悉，就是宜兴紫砂。潮州属于南派紫砂。为什么大家对宜兴紫砂都比较了解，而南派紫砂基本都没怎么听说过？其最大的原因就是因为南派文化附加值比较差。

四川文化产业职业学院文化商学院副院长邓颖颖认为，中国传统文化的创新性开发涉及三个问题：第一个是我们讲什么故事；第二个是我们用什么来讲故事；第三个是由谁来讲这个故事。讲什么故事，其实讲的是文化的内涵。用什么去讲故事，其实讲的是文化的载体。由谁去讲故事，不仅仅是传承人，还有市场的推广人员。

六、县域文化产业发展路径探索

2017 年 11 月 24 日下午，县域文化产业发展路径研讨会分论坛在四川大学红瓦宾馆举行，来自都江堰、新都、郫都、乐至、荣县、罗江、浦江、阆中、长宁、通江等 20 多个县（市、区）的宣传及文广新体旅游局的负责人分别对话交流中心的专家团队，就各县（市、区）在建设发展文化事业和文化产业方面所面临的机遇和挑战展开了热烈的讨论。各县（市、区）负责人感叹此次论坛和研讨会收获颇丰，对四川省对外文化交流中心关心、关注并支持县域文化产业发展表示赞叹，并盼望多举办类似活动以帮助他们增长知识、拓展视野、更新思维。与会代表表示今后要加强多方交流、资源共享，并围绕文化交流活动融入市场、全民参与、"互联网+文化"产业展开深度合作。

大会还同时举行了创意管理前沿问题青年博士论坛，张学勤、樊国防、Shafi、宋小婷、岳志坤等进行了深入探讨。廖民生、谢晋宇、张望、章继刚等先后担任大会主论坛主持人，并进行了精彩的点评。

中国创意管理研究进入研产学政合作创造时代

The Research of China Creative Management Has Entered the Era of Creation by the School and Government Cooperate in Research and Production

大会闭幕式由傅兆勤主任主持，四川大学创意管理研究所杨永忠所长进行了总结发言。大会最后，由四川大学创意管理研究所向泸州老窖国窖酒类销售股份有限公司、国家级非物质文化遗产成都漆艺传习所、许燎源现代设计艺术博物馆授予了创意管理学博士产学研合作创造基地牌匾，以共同推动和深化文化创意管理理论到实践的创新发展。11 月 25 日上午，论坛外地专家学者组织实地考察调研了许燎源博物馆，并举行了许燎源物感主义与创意管理座谈，专家们对许燎源先生在艺术与商业融合方面的卓越探索给予了高度评价。

The Research of China Creative Management Has Entered the Era of Creation by the School and Government Cooperate in Research and Production

XIE Weiming, SONG Xiaoting, YANG Ruo

Abstract: In order to promote the development of creative management, enhance the application of creative management in Creative industry and Cultural industry and realize the integrated development of research and production, Creative Management Institute of Sichuan University and the Sichuan Foreign Cultural Exchange Center jointly launched the " Chengdu Forum on China creative management ", which was held in Chengdu with 140 domestic and abroad experts from government, enterprises and universities respectively. The forum announced that China creative management alliance of Chengdu had established. The forum had in-depth discussions on creative management and creative industries, cultural trade and national strategies, contemporary heritage and innovation, creative transformation of traditional culture, and exploring the development path of county cultural industries. The Chengdu Forum and China creative management alliance of Chengdu marks the research of China creative management has entered the era of creation by the school and government cooperate in research and production. It not only builds a bridge for the integrative development of creative management, creative industry and cultural industry, but also builds a good platform for carrying out the cooperative research on creative management.

Key words: Creative management; Co-creation; Chengdu forum

2018 年国家社科基金创意类项目扫描[*]

◎ 钟琳玲[**]

摘要：2018 年 6 月 21 日，全国哲学社会科学规划办公室正式公布了 2018 年国家社科基金各类项目评选结果，四川大学创意管理研究所将 2009～2018 年国家社科基金立项名单中以"创意"为题的项目进行了整理分析，本文主要采用统计研究法，通过对十年间国家社科基金创意类项目的立项个数、学科、范围、程度等数量关系的分析研究，认识创意类项目在国家社科基金的立项情况和立项发展方向，希望能为研究创意领域的理论和实务人士提供有用的参考信息。

关键词：国家社科基金；创意；学科；立项

一、2009～2018 年国家社科基金立项基本情况

2018 年度国家社科基金名单公布，含重点项目 359 项、一般项目

---

 * 基金项目：国家社科基金重点项目"文化创意的价值管理研究"（18AGL024）。
 ** 钟琳玲，四川大学商学院博士研究生，研究方向：文化创意管理，E-mail：clock-bells@163.com。

3152 项、青年项目 1001 项、西部项目 490 项。近年来，国家高度重视人文社会科学繁荣发展，高校等科研机构加大国家社科基金申报组织力度，严把申报质量关，以此不断提高国家社科基金的申报数和立项率。经统计，2009~2018 年，国家社科基金立项项目共计 41349 项，其中，重点项目 2469 项，约占 5.97%；一般项目 22536 项，约占 54.50%；青年项目 11594 项，约占 28.04%；西部项目 4750 项，约占 11.49%。从图 1 可知，2010 年，一般项目和青年项目在立项数量上带来小高峰，之后受青年项目申请年龄降低等原因，立项数目上有所回落。2018 年，国家社科基金立项总数上又达峰值。

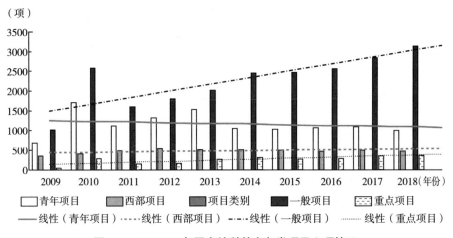

图 1　2009~2018 年国家社科基金各类项目立项情况

二、2018 年国家社科基金立项情况

2018 年国家社科基金立项 4996 个项目，其中重点项目 358 个，占项目总数的 7.17%；一般项目 3147 个，占项目总数的 62.99%；青年项目 1001 个，占项目总数的 20.04%；西部项目 490 个，占项目总数的

9.81%。共涉及 24 个学科分类，其中管理学、应用经济学、法学、语言学、中国历史和中国文学为第一梯队，分别有 401、373、349、353、327 和 324 个项目，这 6 个学科占总体的 42.57%，拔得头筹。第二梯队则包括马列·科社、社会学、哲学、民族学和理论经济学 5 个学科分类，分别有 292、271、252、208 和 206 个项目，合计项目 1229 个，总体占比 24.60%；第一、第二梯队占据了国家社科基金立项大半壁江山，是人文社科研究中的中流砥柱。其余 13 个学科为第三梯队，合计项目 1640 个，总体占比 32.83%（见图 2）。

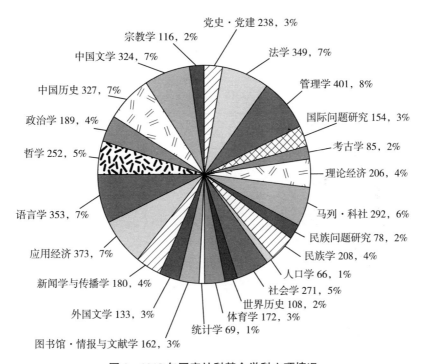

图 2　2018 年国家社科基金学科立项情况

三、2009～2018 年国家社科基金创意类项目立项情况

伴随着国家"大众创业、万众创新"的号召，国内对创意的研究，从理论概念和方法革新上不断突破。2018 年，国家社科基金中题目含有"创意"的项目有 1 项重点项目，1 项一般项目。其中，四川大学创意管理研究所杨永忠教授负责的《文化创意的价值管理研究》获 2018 年度国家社科基金重点项目，也是 2009～2018 年十年间首个国家重点项目。十年间，国家社科基金创意相关项目共计 38 个，值得高兴的是，创意类的项目虽然数目较少，但项目质量不断提升。2009～2018 创意相关项目情况梳理如表 1 所示。

表 1　2009～2018 年创意相关项目一览

序号	年份	课题名称	负责人	工作单位	项目类别	所在学科	地域
1	2018	文化创意的价值管理研究	杨永忠	四川大学	重点项目	管理学	四川
2	2018	二十世纪《西游记》跨媒介改编创意研究	赵敏	福建师范大学	一般项目	新闻学	福建
3	2018	西南民族文化遗产的数字创意产品转换途径及实证研究	李旭	桂林电子科技大学	西部项目	民族问题研究	广西
4	2018	滇桂黔民族地区文化创意产业集群与精准脱贫协同发展路径研究	陈潇潇	广西大学	西部项目	民族问题研究	广西
5	2017	我国数字创意产业跨界融合研究	熊正德	湖南大学	一般项目	应用经济	湖南
6	2017	"资源驱动型"档案文化创意产品开发模式及其实现研究	王玉珏	武汉大学	青年项目	图书馆·情报与文献学	武汉
7	2017	裕固族非物质文化遗产生产性保护与创意开发研究	王海燕	甘肃行政学院	西部项目	民族问题研究	甘肃

续表

序号	年份	课题名称	负责人	工作单位	项目类别	所在学科	地域
8	2016	创意园区"千区一面"的品牌化升级模式研究	王兴全	上海社会科学院	一般项目	管理学	上海
9	2015	创意旅游驱动下原住民文化古镇转型升级及其发展战略研究	张胜男	首都师范大学	一般项目	管理学	北京
10	2014	武术文化国际传播创意演示平台建设研究	丁保玉	天津体育学院	一般项目	体育学	天津
11	2014	哈尼族美学与文化创意产业发展研究	王馨	红河学院	青年项目	哲学	云南
12	2013	我国文化创意产业集群发展模式与优化路径研究	金波	杭州师范大学	一般项目	理论经济	浙江
13	2013	基于知识互补的创意产业集群衍生机理和路径研究	李煜华	哈尔滨理工大学	一般项目	应用经济	黑龙江
14	2013	武术元素融入文化创意产业研究	闫民	济南大学	一般项目	体育学	山东
15	2013	文化创意产业数字资源版权保护问题及对策研究	周新民	湖南商学院	青年项目	应用经济	湖南
16	2013	海峡两岸文化创意产业合作研究	连水兴	福建师范大学	青年项目	新闻学	福建
17	2013	西部少数民族地区创意农业发展模式研究	王奇	云南农业大学	西部项目	民族问题研究	云南
18	2013	西部民族旅游地创意资本培育机制研究	李庆雷	云南师范大学	西部项目	民族问题研究	云南
19	2013	壮族传统文化信息资源与文化创意产业融合发展研究	梁福兴	桂林理工大学	西部项目	民族问题研究	广西
20	2012	基于区域视角的文化创意产业发展机制及对策研究	郑洪涛	河南大学	一般项目	理论经济	河南
21	2012	中国文化创意产业空间分布、产业集聚与地区经济增长研究	徐静	中南财经政法大学	青年项目	理论经济	湖北

续表

序号	年份	课题名称	负责人	工作单位	项目类别	所在学科	地域
22	2012	文化创意与科技创新耦合驱动农业经济发展方式转变的路径研究	刘丽伟	辽宁省委党校	一般项目	应用经济	辽宁
23	2012	文化创意产业版权保护法律问题研究	王海英	福建省委党校	一般项目	法学	福建
24	2012	我国文化创意产业园区发展现状、趋势及对策研究	冯根尧	绍兴文理学院	一般项目	新闻学	浙江
25	2012	湘鄂渝黔边区民族传统体育文化创意开发研究	张小林	吉首大学	青年项目	体育学	湖南
26	2012	文化创意企业投融资决策内生机制研究	魏亚平	天津工业大学	一般项目	管理学	天津
27	2012	我国文化创意旅游产业发展模式与对策研究	王欣	北京第二外国语学院	青年项目	管理学	北京
28	2012	跨区域创意产业集群协同创新网络运作机制和政策研究	毛磊	江苏科技大学	青年项目	管理学	江苏
29	2012	西部文化创意人才队伍建设研究	石建莹	中共西安市委党校	西部项目	管理学	陕西
30	2011	彝族美学与文化创意产业发展研究	肖国荣	楚雄师范学院	青年项目	哲学	云南
31	2011	创意经济背景下旅游业与文化创意产业融合发展机制及实证研究	张玉蓉	重庆交通大学	青年项目	应用经济	重庆
32	2011	台湾文化创意产业发展研究	陈晓彦	厦门大学	青年项目	新闻学	福建
33	2010	我国创意产业园区形成机理和管理模式研究	张炜	对外经济贸易大学	一般项目	管理学	北京
34	2010	西南少数民族文化数字创意产业发展研究	魏红	贵州大学	西部项目	民族问题研究	贵州
35	2010	动漫内容创意产业研究	殷俊	重庆工商大学	西部项目	新闻学	重庆

续表

序号	年份	课题名称	负责人	工作单位	项目类别	所在学科	地域
36	2010	文化产业的媒介品牌与创意发展战略研究	常凌翀	西藏民族学院	西部项目	新闻学	西藏
37	2009	民族文化创意与区域旅游发展：西南边疆民族地区的研究视角	韦复生	广西民族大学	一般项目	理论经济	广西
38	2009	西南地区民族文化旅游创意产业发展研究	张琰飞	吉首大学	西部项目	民族问题研究	湖南

　　从申报机构所在地区来看，创意类项目在全国分布较广，其中福建、湖南、广西、云南四地分别以 4 个项目领先。从立项内容倾向来看，地域对申请立项的侧重有所不同，其中，福建多对两岸文化创意项目分析；广西、云南、甘肃、贵州等地多为民族问题分析，且多为西部项目立项；而北京、上海、天津等经济较发达地区则侧重对文化创意产业及园区研究。具体各区域创意类项目立项情况（见图 3）。

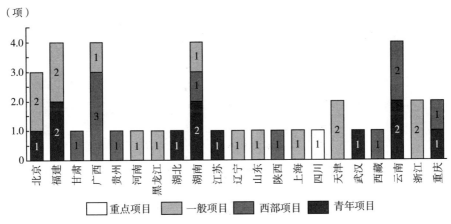

图 3　2009~2018 年国家社科基金创意类项目地域分布情况

从具体的研究学科领域来看，学科分布存在分布不均，且受项目类型影响较大。38 个创意类项目共涉及 9 个学科，管理学和民族问题研究均有 8 个项目，为创意类项目立项最多的两个学科。而结合立项类别分布上看，管理学在一般项目、青年项目、重点项目和西部项目均有涉及，民族问题研究学科仅在西部项目中有立项，如图 4 所示。

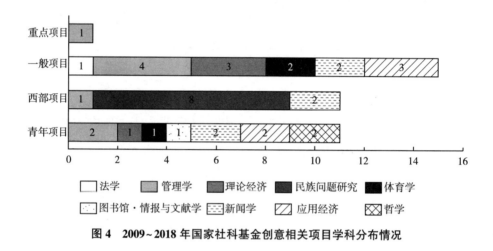

图 4　2009~2018 年国家社科基金创意相关项目学科分布情况

四、2009~2018 年国家社科基金创意类项目分学科分析

在管理学领域，从研究方向看，对创意研究涉及价值管理、品牌管理、战略发展管理、决策内生机制等方向。从研究主体方面看，有对文化创意行业（旅游）、园区、企业、会议、文化作品等主体的研究（见表 2）。

表 2　国家社科基金创意相关项目——管理学

年份	课题名称	负责人	工作单位	项目类别	所在学科	地域
2018	文化创意的价值管理研究	杨永忠	四川大学	重点项目	管理学	四川

续表

年份	课题名称	负责人	工作单位	项目类别	所在学科	地域
2016	创意园区"千区一面"的品牌化升级模式研究	王兴全	上海社会科学院	一般项目	管理学	上海
2015	创意旅游驱动下原住民文化古镇转型升级及其发展战略研究	张胜男	首都师范大学	一般项目	管理学	北京
2012	文化创意企业投融资决策内生机制研究	魏亚平	天津工业大学	一般项目	管理学	天津
2012	我国文化创意旅游产业发展模式与对策研究	王欣	北京第二外国语学院	青年项目	管理学	北京
2012	跨区域创意产业集群协同创新网络运作机制和政策研究	毛磊	江苏科技大学	青年项目	管理学	江苏
2012	西部文化创意人才队伍建设研究	石建莹	中共西安市委党校	西部项目	管理学	陕西
2010	我国创意产业园区形成机理和管理模式研究	张炜	对外经济贸易大学	一般项目	管理学	北京

在民族问题研究领域，项目类别主要为西部项目，相较于国家社科基金立项的其他学科项目在重点项目、一般项目和青年项目中均有不同程度的"开花"情况，民族问题学科的创意类项目立项类别较为狭窄。

表 3　国家社科基金创意相关项目——民族问题研究

年份	课题名称	负责人	工作单位	项目类别	所在学科	地域
2018	西南民族文化遗产的数字创意产品转换途径及实证研究	李旭	桂林电子科技大学	西部项目	民族问题研究	广西
2018	滇桂黔民族地区文化创意产业集群与精准脱贫协同发展路径研究	陈潇潇	广西大学	西部项目	民族问题研究	广西
2017	裕固族非物质文化遗产生产性保护与创意开发研究	王海燕	甘肃行政学院	西部项目	民族问题研究	甘肃

续表

年份	课题名称	负责人	工作单位	项目类别	所在学科	地域
2013	西部少数民族地区创意农业发展模式研究	王奇	云南农业大学	西部项目	民族问题研究	云南
2013	西部民族旅游地创意资本培育机制研究	李庆雷	云南师范大学	西部项目	民族问题研究	云南
2013	壮族传统文化信息资源与文化创意产业融合发展研究	梁福兴	桂林理工大学	西部项目	民族问题研究	广西
2010	西南少数民族文化数字创意产业发展研究	魏红	贵州大学	西部项目	民族问题研究	贵州
2009	西南地区民族文化旅游创意产业发展研究	张琰飞	吉首大学	西部项目	民族问题研究	湖南

　　在法学领域，主要着重于文化创意管理中重要的主体——文化创意产业版权保护的法律问题研究。文化创意产业多为版权输出，如电影电视产业、新闻出版产业、动漫网游产业、广告产业、展会产业等产业均涉及版权的输出，完善版权保护制度是文化创意产业良性发展的基础和保障，而这方面的社科立项相对较少，也为未来法律研究提供了参考方向（见表4）。

表4　国家社科基金创意相关项目——法学

年份	课题名称	负责人	工作单位	项目类别	所在学科	地域
2012	文化创意产业版权保护法律问题研究	王海英	福建省委党校	一般项目	法学	福建

　　在新闻学领域，既有对传统文化的创意研究，也有海峡两岸文创产业研究、文化创意产业行业研究等多个方面问题的研究。新闻传媒作为文化产业的典型产业，无论是新闻传媒内容还是传播媒介，都有创意和

创新发展的发力点（见表5）。

表5 国家社科基金创意相关项目——新闻学

年份	课题名称	负责人	工作单位	项目类别	所在学科	地域
2018	20世纪《西游记》跨媒介改编创意研究	赵敏	福建师范大学	一般项目	新闻学	福建
2013	海峡两岸文化创意产业合作研究	连水兴	福建师范大学	青年项目	新闻学	福建
2012	我国文化创意产业园区发展现状、趋势及对策研究	冯根尧	绍兴文理学院	一般项目	新闻学	浙江
2011	台湾文化创意产业发展研究	陈晓彦	厦门大学	青年项目	新闻学	福建
2010	动漫内容创意产业研究	殷俊	重庆工商大学	西部项目	新闻学	重庆
2010	文化产业的媒介品牌与创意发展战略研究	常凌翀	西藏民族学院	西部项目	新闻学	西藏

在图书馆·情报与文献学领域中，有针对档案文化的文创产品开发进行研究的立项。从档案文化创意服务的研究现状入手，梳理其理论依据，分析境外档案机构文化创意服务实践成果，根据我国档案文化创意的现状需求及存在的问题，提出加快我国档案文化创意服务建设的策略建议，无疑提升了档案的研究空间和利用价值（见表6）。

表6 国家社科基金创意相关项目——图书馆·情报与文献学

年份	课题名称	负责人	工作单位	项目类别	所在学科	地域
2017	"资源驱动型"档案文化创意产品开发模式及其实现研究	王玉珏	武汉大学	青年项目	图书馆·情报与文献学	武汉

在应用经济领域，有学者关注了我国数字创意产业的版权和跨界融合问题，也有对文化创意产业与农业、旅游业等跨行业发展、创意产业

集群衍生等方面的探索研究（见表7）。

表7 国家社科基金创意相关项目——应用经济

年份	课题名称	负责人	工作单位	项目类别	所在学科	地域
2017	我国数字创意产业跨界融合研究	熊正德	湖南大学	一般项目	应用经济	湖南
2013	基于知识互补的创意产业集群衍生机理和路径研究	李煜华	哈尔滨理工大学	一般项目	应用经济	黑龙江
2013	文化创意产业数字资源版权保护问题及对策研究	周新民	湖南商学院	青年项目	应用经济	湖南
2012	文化创意与科技创新耦合驱动农业经济发展方式转变的路径研究	刘丽伟	辽宁省委党校	一般项目	应用经济	辽宁
2011	创意经济背景下旅游业与文化创意产业融合发展机制及实证研究	张玉蓉	重庆交通大学	青年项目	应用经济	重庆

在理论经济学领域，涉及文创产业发展、分布和民族文化创意区域发展等方面的研究，研究主体集中在文化创意产业行业本身发展方面（见表8）。

表8 国家社科基金创意相关项目——理论经济

年份	课题名称	负责人	工作单位	项目类别	所在学科	地域
2013	我国文化创意产业集群发展模式与优化路径研究	金波	杭州师范大学	一般项目	理论经济	浙江
2012	基于区域视角的文化创意产业发展机制及对策研究	郑洪涛	河南大学	一般项目	理论经济	河南
2012	中国文化创意产业空间分布、产业集聚与地区经济增长研究	徐静	中南财经政法大学	青年项目	理论经济	湖北
2009	民族文化创意与区域旅游发展：西南边疆民族地区的研究视角	韦复生	广西民族大学	一般项目	理论经济	广西

在体育学领域，不仅有围绕武术进行武术文化国际传播创意平台建设的研究和武术融入文创产业的研究，也有针对边区民族传统体育文化创意开发的研究（见表9）。

表 9　国家社科基金创意相关项目——体育学

年份	课题名称	负责人	工作单位	项目类别	所在学科	地域
2014	武术文化国际传播创意演示平台建设研究	丁保玉	天津体育学院	一般项目	体育学	天津
2013	武术元素融入文化创意产业研究	闫民	济南大学	一般项目	体育学	山东
2012	湘鄂渝黔边区民族传统体育文化创意开发研究	张小林	吉首大学	青年项目	体育学	湖南

在哲学领域，集中在对少数民族的美学与创业产业发展进行研究。民族资源是文化资源，云南地区具有丰富的民族资源，将民族美学与文化创意产业发展交叉结合研究，在传播民族的生态审美观念的同时，也探索了少数民族文化资源转化为文化创意产品的路径（见表10）。

表 10　国家社科基金创意相关项目——哲学

年份	课题名称	负责人	工作单位	项目类别	所在学科	地域
2014	哈尼族美学与文化创意产业发展研究	王馨	红河学院	青年项目	哲学	云南
2011	彝族美学与文化创意产业发展研究	肖国荣	楚雄师范学院	青年项目	哲学	云南

2009~2018 年十年间，国家社科基金立项的创意类相关项目以管理学和民族问题研究为带头研究学科，分布在 10 个大学科，但是创意类项目整体数量仍亟待提升。就全国范围而言，近几年国家社科基金和国

内相关科研机构对创意类项目的重视逐步加深，对创意类项目的科研投入也日益加大，特别是从管理学视角研究文化创意问题，取得了开拓性的发展。创意管理正如诗中所言：小荷才露尖尖角，早有蜻蜓立上头。在此也感谢所有对创意管理进行研究的国内外研究者，是大家的辛勤努力将创意管理绽放在社会科学的百花园中。

参考文献

［1］国家社科基金项目数据库，http：//fz. people. com. cn/skygb/sk/index. php/Index/seach？xmname=%E5%88%9B%E6%84%8F&p=1.

［2］2018 年国家社科基金年度项目和青年项目立项结果公布，http：//www. npopss-cn. gov. cn/n1/2018/0621/c219469-30073601. html.

［3］2018 年度国家社会科学基金西部项目立项结果公布，http：//www. npopss-cn. gov. cn/n1/2018/0621/c219469-30073610. html.

Scans of Creative Projects of the National Social Science Fund in 2018

ZHONG Linling

Abstract：On June 21, 2018, National Planning Office of Philosophy and Social Sciences , announced the selection results of various projects of the 2018 national social science foundation. The creative management institute of Sichuan University sorted out and analyzed the projects named by "creative" in the list of projects approved by the national social science foundation from 2009 to 2018. This article mainly uses quantitative analysis method to study the situation and development direction of national social science foundation by analyzing and studying the quantitative relationship among numbers of projects, subjects, scope, dimensions of national social science fund for ten years. It is hoped that it can provide useful referece information for people who study the creative field in theory and practice.

Key words: National Social Science Foundation; Creativity; Discipline; Project approval

中华文化"走出去"的创意密码[*]

◎ 杨永忠^{**}

摘要: 从"中国制造"到"中国创造",呼唤着中国企业以文化创意探索中国创造的新模式。更加开放的全球和互联网的渗透,使得文化的世界正变得越来越"平",世界也呼唤着更多的人文创造。中华灿烂的文化、多民族的融合及其山水般的空间表达,必将为全世界的人们带来更多的创意享受。借鉴西方文化"走进来"的经验,提出了中华文化"走出去"的空间密码、功能密码和大师密码。

关键词: 中华文化;"走出去";创意密码

一、西方文化"走进来"的经验与启示

1998 年英国政府颁布《英国创意产业路径文件》,首次以官方名义提出、界定和采用创意产业而非文化产业,彰显了创意在文化产业的独

---

* 基金项目:国家社科基金重点项目"文化创意的价值管理研究"(18AGL024)。

** 杨永忠:四川大学创意管理研究所所长,教授,博士生导师,研究方向:创意管理学,E-mail: yangyongzhong@ scu. edu. cn。

特价值。近20年来，经由创意而带来的文化产业变革，正在全球方兴未艾地展开、发展和深化，也推动着文化更加蓬勃地跨国家和跨地域地扩散和渗透。今天，当我们从价值的视角，去重新审视以美国为代表的西方文化是如何走进国门时，可以观察到更多的一些隐藏在西方文化"走进来"的背后的创意密码。①

其一，空间密码。

我们注意到，最近20年西方文化"走进来"，越来越突出地呈现一种很鲜明的空间方式。这种创意空间，既包括巨型的、大中型的，如十几万平方米、几十万平方米，典型的像迪士尼，巨大而恢宏；也有几千平方米、千余平方米，甚至几百平方米的小微创意空间，如星巴克，精致而深厚，其吸引人程度毫不逊色。像星巴克式的小微创意空间，在高楼林立、土地资源越来越稀缺的城市，更会成为未来文化"走进来"的一种主流的空间选择。这些大小不一、星罗棋布的空间，以互补、多元的方式，将西方文化彰显得相得益彰、鲜艳夺目。

空间为什么能够成为文化"走进来"的越来越重要的方式？隐藏在这背后的密码，刻画了最近20年以来创意经济驱动下的"人"的回归。

工业社会经济发展的景观是离乡背井，为了生活人们四处奔波，从乡村到城市，从内地到沿海，从国内到国外，一切围绕产业转，哪里有挣钱的产业，哪里的产业更挣钱，人们会毅然决然踏上新的征程。但创意社会的空间景观恰恰相反。随着人的文化意识和文化属性的复苏和觉醒，在满足物欲的基本条件后，人们对文化的追求逐渐上升为第一追求，而文化的属性恰恰是非产业性，文化是属地的、属域的。一定在某个"最的空间"才能够找到某种"最的文化"。由此，创意社会的空间景观是人的回归，回归故里、回归温暖、回归感动。这里的"故里"，

---

① 本文参考了2016年杨永忠在中宣部"文化走出去四川调研座谈会"上的发言。

不一定必然是某个人的家乡、一个人的出生地，而更是一个人的文化身份的回归。他可以是中国人，也可以是外国人，只要他内心感受到世界某个角落唤醒了他潜藏已久的文化意识和文化身份，就可能回到这个属于他的"精神故里"。

因此，西方文化"走进来"，选择以空间的方式呈现，在空间提供的文化体验中，让人们找到了自己内在的文化身份，满足了人们文化身份的消费，让人们获得了如家一般的温暖和感动。这种空间系列，将文化的价值更加丰富和深入的表现，从而产生出巨大的吸引力，成为文化"走进来"的重要平台。

其二，功能密码。

创意经济时代，西方文化的"走进来"并非文化的简单呈现或直接呈现，更多的是借助某种功能性产品，在满足人们功能性需求的同时，将文化润物细无声地渗透进来。

比较典型的例子是耐克。最初人们消费的是作为鞋的耐克，但在一次一次消费后，人们越来越深刻地发现，真正消费的是美国梦、是"人人都能成功的梦想"。由此，一个企业借助某种功能性物品，经由创意的力量，将某种主题文化注入，最后达成了卖文化的终极述求。

功能为什么能够成为文化"走进来"的重要方式？隐藏在这背后的密码，恰恰体现的是创意的开发理念。在创意经济时代，好的创意，一定是文化性与商业性的有机结合；好的创意产品，一定不只是卖功能，更重要的是卖文化。因此，借助于商业性，在满足人们功能需求的同时，创意产品也将某种内含的文化和文化价值有机地进行融合和表达，从而达成文化述求的目的。

可见，西方文化以功能的方式推广文化，在满足人们基本的功能需求基础上，更满足了人们高层次的文化需求。这种基于功能的文化"走进来"的方式，将文化的价值借助更加直观、具象和贴近生活的表达，从而产生巨大的市场需求，成为文化 "走进来" 的又一重要平台。

其三，大师密码。

西方文化的 "走进来"，伴随着一个又一个大师。在创意经济时代，这些引领文化 "走进来" 的大师，可以统称为创意大师。创意大师不仅包括艺术家，更包括设计大师、文化企业家等，如英国创意经济之父霍金斯、苹果之父乔布斯、音乐剧之父韦伯等。

大师为什么能够成为文化 "走进来" 的重要方式？隐藏在这背后的密码，恰恰是因为创意大师的独特魅力。文化领域和文化产业崇尚明星、崇拜明星，创意者，特别是创意大师，恰恰是这个时代最耀眼的超级明星。国际文化经济学的研究告诉我们，超级明星所具有的不完全替代，存在于消费者的搜寻成本和文化消费资本，以及当下联合消费的生产技术，使得创意大师对文化和文化产品的市场引领和消费推动会产生巨大的滚雪球效应。

可见，西方文化以大师的方式 "走进来"，可以将文化的价值更加生动和人格化的演绎，由此产生巨大的吸引力，成为文化 "走进来" 的重要平台。

二、中华文化 "走出去" 面临的创意挑战

创意是文化的灵魂，创意在重塑中华文化的同时，也面临中华文化 "走出去" 的挑战：从空间层面看，西方文化的空间式进入，运作主体大多是民间 "看不见的手"，这恰恰是我们不足的。从功能层面而言，借助功能的文化 "走出去"，关键是创意的灵魂述求；我们不缺功能，"中国制造" 蜚声世界，我们最缺的恰恰是内藏于物的最具灵魂性的人文创造力。就大师而言，我们不缺艺术家、设计师，但却缺乏对艺术家、设计师价值的充分认可和社会尊崇；缺乏具有国际视野、能够联结

世界的艺术大家、设计大师，由此也制约了中华文化在国际舞台直抒胸臆。

但是，也应该看到，中华文化"走出去"正迎来蓬勃的发展机遇。"大众创业、万众创新"，恰恰为创意的释放和创意的价值带来了巨大的生长空间，为创意大师的出世和走出，提供了越来越丰厚的土壤。从"中国制造"到"中国创造"，也呼唤着中国企业以文化创意探索中国创造的新模式。更加开放的全球和互联网的渗透，使得文化的世界正变得越来越"平"，世界也呼唤着更多的人文创造，中华灿烂的文化、多民族的融合及其山水般的空间表达，必将为全世界的人们带来更多的创意享受。

三、中华文化"走出去"的创意借鉴

在创意经济时代，基于以上对西方文化走进来的理解，提出以下中华文化"走出去"的创意思考。

（一）创意空间的走出

以中华文化为依托，以企业、政府等多种力量或力量合作，通过巨型、大中型、小微型的创意空间建设，打造中华文化"走出去"的系列空间。目前，已经取得初步成效的是孔子学院，但民间的力量介入尚存在巨大的缺口。

适应创意经济的深入发展，"走出去"的创意空间，在其运营管理上，要由消费者被动式全面转向消费者体验式，并进一步发展到消费者合作创造式。工业经济时代，消费者最典型的行为特征是被动式消费，消费者在生产者提供的产品中进行被动选择。这种场景下，消费者是缺乏个性主张的，是压抑、窒息和痛苦的。进入创意经济时代，随着消费者的文化身份复活，消费者激发了体验主张，通过体验而获得了文化的自觉。但仅仅体验仍是不够的，本质上没有改变被动式消费。由此，一种合作创造式的消费需求更加强烈地生长和怒放出来。消费者更加渴望通过多种方式、多种途径，与空间的生产者一道合作创造，通过空间的合作创造而生产更加符合自身文化身份的产品。

由此，对消费者来说，空间就不再仅仅是产品，而是身份和标签，是内心背后的文化深居和精神故里，是居于斯、活于斯的灵魂。其对合作创造的内在需求，虽隐秘但正在不断生长，需要文化创意空间的开发者和管理者关注并在流程上引入，在开发的早期、初期、中期等各个阶段引入合作创造的运营，提供合作创意的空间和途径，实现消费者与开发者的文化融合。

（二）创意功能的走出

互联网的发展，网络渗透到全球，国家之间、地区之间文化的信息不对称正在递减，文化的世界变得越来越"平"。在这一趋势下，一个地方文化的原始呈现，或是简单的复制，带给其他地方消费者的文化边际效用越来越低，越来越"平"。创意经济时代的消费者不仅仅希望消费人文艺术、人文作品，如艺术品、原生态手工，更渴望消费人文创造，即符合当下价值的文化创意、创新产品。以创意创新的方式，通过功能与创意的有机结合，将会给文化"走出去"和海外的文化产业市场拓展，带来更多新奇、更多惊喜，及更大的可持续发展。

由此，中华文化的"走出去"，要大力鼓励有文化使命感的本土企业，借助满足当地消费者的功能性需求这一基础，在发挥中国制造的功能支撑的同时，在创意产品开发中有机注入中华文化，自信表达中国创意。通过功能上的中国制造与文化上的中国创意的有机融合，可以更好地实现中华文化借助功能的创意性走出。

在文化与功能的融合走出中，应大力鼓励企业与科技结合，借助科技更好地实现文化与功能的融合。如众所周知的苹果系列，以高技术为支撑，通过产品的创意设计和人文情怀的完美注入，重新对手机、手表进行了定义，使得手机等产品在海外市场的推广中，不仅仅是通话工具，更成为赏心悦目的时尚产品、创意产品，成为文化和身份的表达。

借助功能的文化"走出去"，载体的人文创造是其灵魂。目前中国制造的走出，更多的是载体本身，恰恰最缺乏的是最具灵魂性的人文创造的注入。

(三) 创意大师的走出

人文创造解决了文化"走出去"的灵魂问题，那么就人文创造者而言，谁来推广、谁来传播，也就是谁最适合带着文化"走出去"。

毋庸置疑，文化领域和文化产业有其自身的规律，特别是以 1998 年为时间标志的"第二次文艺复兴"的兴起，更是彰显了创意大师作为文化"走出去"的推广者的独特魅力。

创意大师崇尚和追求的是文化价值与经济价值的双重价值的最大化，他们创造的产品，经由文化创意，实现了文化与经济的结合，在经济价值彰显的同时，也借助商业模式的创造，让文化走进生活，让文化走出国门，让文化价值与经济价值一同绽放。

因此，在中华文化和文化产业的走出中，要大力鼓励和发挥创意大师、创意明星在文化"走出去"中承担民间文化大使的使命。他们人格化的魅力和自身对所在艺术和创意领域的独特造诣和孜孜不倦的追求，成为一个艺术门类或是一个创意领域的符号象征。他们在文化领域和文化市场潜藏的雪球效应，将是中华文化"走出去"的最好形象代言和推广大使。

参考文献

［1］杨永忠，林明华. 文化经济学［M］. 北京：经济管理出版社，2015.

［2］杨永忠. 民族文化创意的经济分析［J］. 青海社会科学，2013（1）：36-41.

［3］杨永忠，黄舒怡，林明华. 创意产业集聚区的形成路径与演化机理［J］. 中国工业经济，2011（8）：128-138.

［4］杨永忠，罗丹. 创意管理学的形成与发展［J］. 广西师范学院学报（哲学社会科学版），2016，37（4）：1-6.

［5］杨永忠. 创意管理评论（第1卷）［M］. 北京：经济管理出版社，2016.

The Creative Cipher of Chinese Culture "Going out"

YANG Yongzhong

Abstract：From "made in China" to "created in China", it calls for Chinese enterprises to explore new modes of creation in China with cultural creativity. The more open global and internet penetration, the world of culture is becoming more and more "flat", and the world is calling for more humanistic creation. China's splendid culture, multi-ethnic fusion and its landscape space expression will surely bring more creative enjoyment to people all over the world. Learning from the experience of western culture, we put forward the space cipher, function cipher and master cipher of Chinese culture going out.

Key words：Chinese culture；"Going out"；Creative cipher

理论研究

Theoretical Research

价值共创研究的知识结构与研究热点

——基于 SSCI（2006~2015）文献计量分析[*]

◎ 罗　丹　赵喜霞^{**}

摘要： 以 SSCI 刊物 2006~2015 年刊载的 298 篇价值共创研究方面的英文文献及其参考文献数据，利用 CiteSpace Ⅲ 进行文献共被引分析和关键词共现分析，从主观判断转向客观文献计量以期对价值共创理论发展脉络进行梳理，为其系统性发展提供借鉴。研究发现，近年来价值共创研究文献数量不断增加，研究主题逐渐集中；研究视角沿着技术创新管理、战略管理、营销与消费者、服务科学轨迹逐渐转移，形成六大聚类，其中服务科学视角下的服务主导逻辑聚类位置突出；近期研究热点指向服务主导逻辑和服务创新。未来的研究可采用多样化研究方法来构建和检验系统性理论，对服务范式的演变、共同创造

---

* 基金项目：国家社科基金重点项目"文化创意的价值管理研究"（18AGL024）；四川大学中央高校基本科研业务费重大攻关培育项目"文化产品价值评估的方法与标准研究"（SKZS201617）；福建省中青年教师教育科研项目（JAS170436）；福建省科技厅软科学项目（2018R0084）。

** 罗丹，莆田学院副教授，研究方向：文化创意管理；赵喜霞，莆田学院讲师，研究方向：人力资源管理。

产生的负面价值以及行业实践运用等方面进行深入探索。

　　关键词：价值共创；CiteSpace Ⅲ；服务主导逻辑；文献计量

一、引言

　　价值共创对传统的价值创造理论提出了挑战。传统观点认为生产者是价值的创造者，而消费者只是被动的价值接受者和纯粹的价值消耗者。价值共创理论的产生彻底改变了消费者的地位，消费者由传统的价值索取者、消耗者转变为价值的共同创造者，甚至是价值的决定者。日渐成熟的消费者渴望拥有权力并参与价值生产过程。与此同时，激烈的市场竞争促使企业需要更多来自消费者的需求和创意，而信息科技、互联网以及通信技术的发展恰好为消费者和企业的需求对接提供了平台和机会。

　　近年来价值共创逐渐成为学术界关注的焦点，文献迅速增多，以Prahalad C. K. 和 Ramasway V.，Vargo S. L. 和 Lusch R. F.，Gronroos C. 等为代表的学者相继展开了对价值共创的研究。价值共创理论不仅为管理学和营销学界关注，同时也被运用到各个研究领域，如信息技术、医疗服务、公共服务、教育等领域。学者们采用了多样化的研究方法和不同的研究视角，研究主题变得更加复杂，但是价值共创的理论根基愈加模糊。为了能够系统全面地分析当前价值共创研究发展现状，进一步厘清国际上价值共创研究的发展脉络及热点和趋势，本文使用 CiteSpace Ⅲ对近十年以来 SSCI 数据库所收录的研究成果进行可视化的文献计量研究，以探究价值共创领域的研究热点、发展历程以及未来发展趋势。

二、研究方法与数据来源

(一) 研究方法

科学的进步是一个动态积累的过程，因为任何一个知识领域的发展都建立在以前的理论、研究方法和研究发现的知识基础之上（Shafigue, M., 2012）。换言之，学者们在论文写作时会引用别人的研究成果，这就构成了知识域的知识结构。科学知识图谱是以知识域为对象，显示科学知识的发展进程与结构关系的一种图像（陈悦、陈超美等，2015）。美国德雷塞尔大学陈超美博士开发的 CiteSpace 软件，能在 JAVA 应用程序基础上对科学文献进行可视化分析。与其他科学知识图谱可视化工具相比（Bibexcel, VOS 等），CiteSpace 能利用关键词、学科领域绘制共现网络，还能对作者、文献以及期刊进行共引网络分析，以此来跟踪研究热点和探测学科研究新趋势（Chaomei Chen, Il-Yeol Song, 2008）。

本文主要运用文献计量学的共词分析和共引分析方法，以价值共创相关文献数据为研究对象，利用 CiteSpace Ⅲ 对价值共创研究领域研究知识结构和热点主题、发展历程以及演进趋势进行可视化分析，为未来研究提供一定依据。

(二) 数据来源

Thomson Reuters 的 WOS（Web of Science）通常被认为是进行文献计量搜索的理想数据库来源（van Leeuwen T., 2006），因为它囊括了全球范围内将近 12000 本具有重要影响力的期刊，文献覆盖了 256 个学科领域，同时 WOS 包含 SCI-EXPANDED、SSCI、AHCI 三个子数据库。因此，WOS 能够为学术研究提供有力的文献及索引信息。为了更全面地了解国际对价值共创学术研究整体进展，这里选择 WOS 作为数据来源，检索主题词为"value co-creation"、"value co creation"或"value cocreation"，文献来源类别为 WOS 核心集，文献来源年限为 1900~2015 年，共检索到相关文献 465 篇，操作时间为 2016 年 4 月 29 日。其中，期刊论文 298 篇，占 64.1%；会议论文 143 篇，占 30.8%；综述论文 14 篇，占 3.0%；其他通讯报道、会议摘要、更正等非学术性文章为 10 篇，占 2.1%。本文对发表于 2006~2015 年的 298 篇期刊论文进行文献计量分析，主要是由于期刊论文通过同行评审，而且有详细的参考文献，能为该领域研究提供追根溯源的知识根基。

从图 1 来看，2006~2015 年 298 篇期刊论文发文数量呈波动性增长，2010 年以后整体年度发文总量更是呈现快速增长趋势，说明随着知识经济和服务经济不断兴起，顾客与企业共同创造价值成为企业竞争优势的新来源。作为一种新的价值创造现象，价值共创理论受到了来自诸多交叉领域的关注。

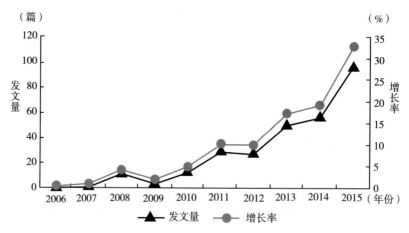

图 1　2006~2015 年 WOS 核心集收录关于价值共创研究文献分布

三、结果与分析

（一）文献共被引分析

科学文献不是孤立的，而是相互联系、不断延伸的系统，科学文献的相互引证反映了科学发展的客观规律（李杰、陈超美，2006）。原始数据中的被引文献组成了该研究领域的知识基础，而相应的引文则形成了研究前沿（Chen，CM.，2004）。因此，通过建立被引文献所组成知识基础的聚类网络，可以刻画这一研究领域的发展脉络，同时能够揭示研究前沿演变的重要知识转折点。本文分析2006~2015年SSCI收录刊物所刊载的价值共创论文及参考文献，绘制出文献共被引网络知识图谱，用以辨析价值共创的研究方向，并对各个共被引文献聚类进行逐个分析。具体操作方式如下：时间跨度为2006~2015年，时间切片为1，阈值选择TOP35，运行CiteSpace Ⅲ，采用寻径剪枝方式进行修剪得到由238个节点和426条连线组成的文献共被引网络图谱。

从整体网络图谱来看，已形成了一个集中性较强的最大子网路和一些小且分散的聚类网络和节点。从文献共被引时间来看，这些分散的聚类网络和节点首次被引在2006~2007年，处于研究初期，这也符合一个新兴知识领域早期研究呈现离群点多而分散的状态。随着研究深入，研究主题逐渐集中，形成了最大子网路，本文关注的重点也是最大子网路。图谱中关键文献节点都被系于这一最大子网路（见图2），节点文献间呈现较强的关联度，并朝四周不断延伸分支，价值共创研究朝着多个学科领域拓展。近十年价值共创研究的知识来源最早追溯到Ramirez R.，Holm D. B.，Flint D. J.，Prahalad C. K. 等战略管理学家以及Isen A. M.，Donath J. 等消费者行为学家的论著。2000年以后价值共创研究逐渐活跃，节点文献的被引用频次增加，中心度较高的文献增多，同时节点文献作者大多是营销学和管理学等学科背景，如 Bendapudi N.，Anderson I. C.，Vargo S. L.，Lusch R. F.，Gronroos C.。

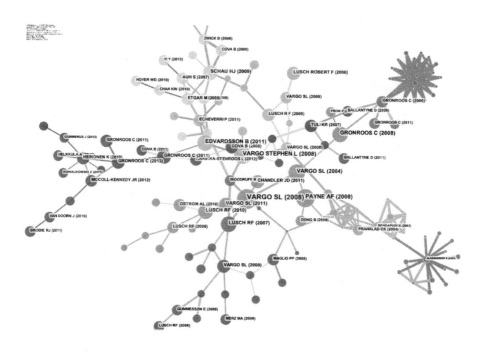

图 2　2006~2015 年价值共创研究文献共被引网络图谱（最大子网路）

从具体的聚类结果来看，CiteSpace Ⅲ 共识别出 6 个最大的文献共被引聚类群，每个聚类 s 值均高于 0.9，聚类效果好，并以相同颜色的连线展示出彼此的关联。根据关键节点文献信息及研究内容，可将价值共创研究划分为技术创新管理视角、战略管理视角、营销与消费者研究视角、服务科学视角。

1. 技术创新管理视角

技术创新管理视角下这一聚类包括 14 篇被引文献节点，文献平均发表年份为 2002 年。这一研究视角下，学者们首先关注新产品开发过程中的顾客价值共创。von Hippel（1986）提到许多重要的工业产品和工艺创新正是企业在顾客使用过程中开发形成的。顾客的知识贡献和使用经验分享能为企业提供产品创新的知识源泉。价值共创不仅仅发生在顾客和企业之间，同样也发生在顾客与顾客之间。终端用户与社区成员进行免费信息共享（Nikolaus Franke，Sonali Shah，2003），这种顾客间的知识共享大大促进了价值的创造。因此，在产品创新过程中顾客与企业以及顾客间的互动活动成为研究的焦点。其次，科技发展为知识共享和共同创造提供了技术平台的进步（Jonsson K. et al.，2008），虚拟社区中顾客参与同样受到关注。Hertel G.（2003）注意到软件开发服务中顾客参与对开放式创新项目的驱动作用，并将此拓展到社会科学领域。Dholakia U. M.（2004）则从不同虚拟社区类型着手分析顾客参与的社会影响因素模型，发现虚拟社区类型对顾客参与具有调节作用。随着研究的深入，学者们聚焦于虚拟品牌社区中顾客关系、顾客参与创新性活动的动机和行为以及品牌社区是如何通过群体认同产生正面的影响等问题（René Algesheimer et al.，2005）。伴随互联网不断发展，基于网络社群成员间互动的价值共创研究仍在持续。

这一领域研究起步比较早，研究方法方面相对成熟，除了质性研究外，结构方程、多元线性回归、实验设计等实证研究居多。

2. 战略管理视角

企业如何获得竞争优势是战略管理视角下价值共创早期研究的出发点。战略管理研究视角下这一聚类包括 22 篇被引文献节点，文献平均发表年份是 2003 年。通过对聚类中关键节点文献进行阅读分析，发现早期研究聚焦于如何利用企业间的商业关系创造价值进而达到获取竞争优势的目的（Holm D. B. et al.，1999），这一观点也得到了诸多学者的认可。进一步的研究延伸到供应链管理中买卖双方关系价值创造，以及企业间战略联盟协作（Hogan J. E.，2001）。对于关系价值创造的研究，除了企业间关系的研究，学者们也从顾客与企业间关系进行研究。Prahalad C. K. 和 Ramaswamy V.（2000）从整体视角拉开了顾客从"被动的受众"到"主动参与者"角色转变的研究序幕。顾客共同创造独特的价值成为未来竞争力所在（Prahalad C. K.，Ramaswamy V.，2004），而竞争优势来源于买卖双方的共享资源以及企业间的关系（Flint D. J.，2004）。之后价值创造的新逻辑出现，研究者也从将价值创造来自产品和服务的旧模式转向价值由体验创造的新模式（Prahalad C. K.，2004），价值嵌于个性化体验之中（E. Jaakkola，M. Alexander，2014）。

由于价值共创是一个新兴知识领域，战略管理视角的研究多基于案例分析，聚焦于价值共创的理论框架、模型、命题假设等。随着研究的深入，关系价值共同创造的对象不仅仅局限于买卖双方，而是延伸到价值链上相关利益者的共同创造。

3. 营销与消费者行为视角

营销与消费者行为研究视角下这一聚类包括 23 篇被引文献节点，文献平均发表年份为 2009 年。研究认为，价值创造是一个增加消费者收益的过程（Vargo S. L. et al.，2008），随着价值创造方式发生变化，消费者变得更加活跃，从而逐步涉入价值创造过程。这一视角下，学者们的研究围绕消费者展开，首先聚焦于价值共创过程中消费者的角色转变（Xie C. Y. et al.，2008）、参与方式和涉入程度（van Doorn J. et al.，2010），以及消费者价值共创的意愿程度和动机（Bolton R.，Saxena-Iyer S.，2009）。其次，较多地关注于顾客感知价值，尤其是顾客与企业共同创造何种价值的解释。学者们发现共同创造的价值包括情感价值、社会价值、功能价值、心理价值和效用价值（Schau H. J. et al.，2009）等。此外，学者也从企业角度提出价值共创也有益于提高顾客忠诚度（Johanna Gummerus et al.，2004），为企业创造经济价值。学者们多用个案、访谈、焦点小组等质性研究方法进行理论的构建。

4. 服务科学视角

作为一门新兴的交叉学科领域，服务科学聚焦于通过价值共同创造来建立服务科学的基础理论、模型及应用以推动服务创新（Ostrom A. L. et al.，2010）。服务理论的发展扎根于共同创造之中，价值共创被视为服务科学理论的核心。从服务科学视角展开研究的文献数量较多，共形成了三大聚类。

第一大聚类由28篇服务行业的实践经验研究文献组成，这一聚类组文献平均发表于2005年。IBM率先提出了服务科学的概念，并认为服务范式的发展将在更高的研究层面上开展，突破营销管理的研究领域。价值共创理论源自共同创造在各大服务行业的运用，这些实践经验引起了学者们的关注。学者们逐步聚焦于特定服务行业，如交通运输业（Brainard L. A.，2003）、医疗服务业（Emanuel E. J. et al.，2003）等，对这些服务行业如何通过顾客参与、服务传递、顾客体验来提高顾客满意度从而实现价值创造进行了探讨（N. Bendapudi，R. P. Leone，2003）。

第二大聚类由35篇服务主导逻辑（Service-dominant Logic，SDL）理论的形成、发展与实证检验方面文献组成，这一聚类组文献平均发表于2007年。从"制造时代"进入"服务经济时代"，服务已成为经济活动重要组成部分。学者们将服务科学视为一个单独的学术研究领域（Chesbrough H.，2006），新兴发展的服务科学迫切需要建立以服务为中心的系统性概念基础来更好地统领已有的研究成果，服务主导逻辑应运而生。新古典经济学中，价值由生产者创造，在商品交换过程中产生价值，这便是传统的商品主导逻辑。Vargo S. L. 和 Lusch R. F.（2004）提出一种新的价值创造和价值交换逻辑——服务主导逻辑，并主张以服务主导逻辑替代传统的商品主导逻辑，这便拉开了基于服务主导逻辑的价值共创研究的序幕。早期学者们侧重于对商品主导逻辑与服务主导逻辑的对比分析（Lusch R. F.，Vargo S. L. et al.，2007）及逻辑演变过程

（Vargo S. L., Lusch R. F., 2008），多采用定性研究方法说明服务主导逻辑在与顾客沟通互动、服务价值创造方面优于商品主导逻辑（Ballantyne D., Varey R. J., 2006）。为了进一步巩固服务主导逻辑的理论基础，Vargo S. L. 和 Lusch R. F.（2008）提出了10个经典命题，其中包括服务是交换的根本基础、消费者通常是价值的共同创造者、操作性资源（operant resources）是竞争优势的根本来源、服务中心观必然是顾客和关系导向等。随着理论研究的推进以及服务业的快速发展，价值创造发生的阶段以及企业和顾客在价值共创中的角色得到学者们的关注（Gronroos C., 2008）。从价值创造发生阶段来看，顾客与企业共同创造价值的阶段从企业生产过程转移到顾客消费过程之中，企业不再是主导者，而是顾客价值创造的促进者，影响顾客的体验和感知，间接地参与顾客价值的创造过程（Ramani, Kumar, 2008）。顾客利用企业提供的资源，结合自身所具备的知识、技能和经验等创造使用价值。理论框架的建立为后续研究提供了一定基础，学者们开始从微观层面，采用定量的方法对价值共创在服务科学中的运用进行验证（Payne A. F. et al., 2008）。

第三大聚类则由14篇服务创新文献组成，这一聚类组文献平均发表于2008年。服务创新是一个与外部行为者尤其是顾客的交互作用过程，本质是以顾客需求为导向并在与顾客互动过程中进行的创新。随着服务主导逻辑研究的集中，学者们意识到服务过程的创新与优化对价值创造非常重要（Güne E. D., Akin O. Z., 2004）。服务创新过程是一个价值创造的过程，服务主导逻辑通过对服务、资源、价值、顾客的角色及价值创造等方面的重新认识，为网络环境下服务创新和服务设计提供了一种新思路。

通过对以上四种不同视角共被引文献的梳理，从各聚类中文献出现的平均年份来看，价值共创研究较早出现在技术创新管理，这主要是由于技术的进步，顾客与企业间可以依托更多技术平台来促进知识共享、产品创新。其次是战略管理领域，战略管理中生产者与顾客之间的关系同样是价值共创理论研究的关键内容。从各聚类中论文数量来看，围绕服务科学视角展开研究的文献最多，特别是对服务主导逻辑这一主题的成果颇多，出现了大量高被引文献著作（图2中较大的圆圈节点），这主要得益于现代服务业的快速发展，服务经济获得学者们的关注，而且在未来的研究中，这一视角的研究热度仍会持续。对价值共创的探讨多通过案例研究等质性研究方法对价值共创理论框架及机制等进行分析，尽管部分学者也从数理模型方面进行验证分析，但总体而言实证研究是少数。

（二）关键词共现分析

关键词提供了文章核心内容信息，关键词共现分析可用于发现研究主题，以及分析某一知识领域的研究前沿演进（Callon, M. et al., 1991）。这里通过对被引文献关键词共现分析，试图找出近期价值共创研究热点。本文时间跨度为2006~2015年，时间切片为1，阈值选择TOP35，运行CiteSpace Ⅲ，采用寻径剪枝方式进行修剪得到由157个节点和318条连线组成的关键词共词网络图谱。

从整体网络图谱来看（见图3），关键词共现网络中"customer value"一词处于图谱中心位置，并且通过该节点的连线较多，而且连线较粗，根据CiteSpace Ⅲ运行结果，该关键词中心度最高。关键词中心度是指某一节点在某一领域中的中介作用及其影响程度，一般认为，关键词中心度超过0.1，即为较强，这说明从该点展开的研究较多，具有较强的影响力（房宏君，2011）。价值共创研究紧紧围绕"customer value"（顾客价值）一词为中心，形成了"network"（网络）、"brand community"（品牌社区）、"business relationship"（商业关系）、"con-

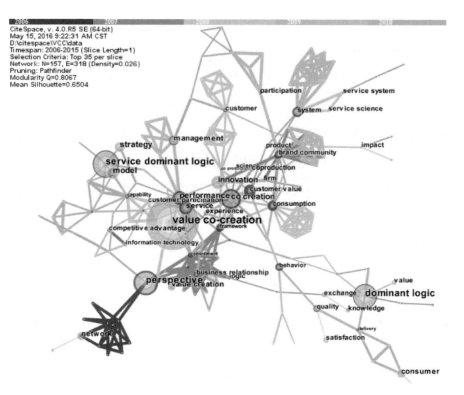

图3 价值共创研究关键词共现分析可视化图谱

sumption"（消费）、"system"（机制）、"service dominant logic"（服务主导逻辑）、"dominant logic"（主导逻辑）等主要关键词共现网络群组。这与前面被引文献聚类分析中的四种研究视角一致。从图3中共现关键词的分布可知，技术创新管理研究视角的主要研究热点有"network""brand community""innovation"等，战略管理视角的主要研究热点是"commitment""customer perceived value""business relationship"，营销与消费者行为的主要研究热点有"consumption""behavior""co-creation"，服务科学视角的主要研究热点关键词有"system""service dominant logic""dominant logic"等。从研究热点的演变过程来看，2006年研究热点集中于技术创新管理视角，2007年研究热点多散布于战略管理和营销与消费者行为两类视角，2008 年开始研究热点集中转向服务科学视角，直至 2015 年服务主导逻辑和服务创新仍是热点议题。价值共创研究领域，研究视角不断转移，研究热点也发生变化，但总体而言，服务科学研究视角是目前主要研究立足点，而服务主导逻辑和服务创新是主要的研究热点。

根据 CiteSpace 软件运行结果，统计出价值共创研究各个节点的计量指标。表 1 列出了关键词共现频次前 10 位的节点信息。频次是指关键词出现的次数或被引的次数，图中的各个圆圈代表节点，节点的大小表示关键词的出现频次：节点越大，表示关键词出现的次数越多。在价值共创研究关键词共现网络图谱中，除去"value co-creation"本身，共现频次第一、第二位的是"service dominant logic"和"dominant logic"，分别达到 82 次、72 次，这表明在服务科学视角下，学者们关注服务范式的演进，从传统商品主导逻辑、关系主导、服务体验方式，到服务主导逻辑及顾客主导逻辑，特别是以价值共创为核心的服务主导逻辑研究是一大热门议题。共现频次第三位的"perspective"（视角），以及进入前 20 位的"performance""model""strategy""system""framework"等关键词也保持了较高的共现频次。由于价值共创是一个新兴的知识领域，学者们试图从不同研究视角探索这一领域的整体理论基础，并聚焦于价值共创的表现、模型、策略及系统机理等。

表 1　价值共创研究热点关键词排序列表

关键词	频次	年份	关键词	频次	年份
service dominant logic	82	2008	network	29	2006
dominant logic	72	2006	consumer	26	2010
perspective	72	2010	management	26	2009
co-creation	54	2008	quality	24	2010
innovation	45	2007	system	23	2008

续表

关键词	频次	年份	关键词	频次	年份
performance	38	2009	satisfaction	23	2013
model	35	2010	experience	23	2010
strategy	34	2011	participation	22	2007
value creation	32	2007	consumption	22	2008
service	32	2008	brand community	20	2007

四、结论与展望

本文利用 CiteSpace 文献计量工具对 SSCI 收录的价值共创研究文献数据进行可视化分析。在对 298 篇文献追踪分析的基础之上绘制价值共创研究知识图谱，以呈现价值共创研究领域的整体知识结构、发展脉络和研究热点。近十年来价值共创研究方面的文献逐渐增多，研究领域分布广阔，涉及 23 个学科领域，但主要分布于商业、管理学、计算机科学与信息系统以及服务科学等。作为一个新兴的研究领域，价值共创研究主要从战略管理、营销与消费者研究、技术与创新管理、服务科学四大研究视角展开。学者们较早地从战略管理以及技术与创新管理等研究视角着手研究，服务科学成为整个价值共创研究的重要研究视角，特别是服务逻辑主导的研究居于突出的核心地位，是当前乃至可预见的未来的研究重点。价值共创研究热点则是围绕"顾客价值"展开的服务主导逻辑，以及研究视角、模型、策略、机理等理论基础的构建。

国外价值共创研究取得了诸多有价值的成果，但这一新兴研究领域的相关研究尚未成熟，研究深度和广度有限，未来的研究存在较大空间。

第一，不同研究视角及研究者自身学术主张差异，价值共创理论尚未形成一个统一认识。现有研究多聚焦于概念描述、理论框架、形成机制等方面，但很多文献是在个案分析或者理论推导的基础之上阐释价值共创"是什么""顾客和企业创造什么价值"，部分学者也在不断探索"企业与顾客如何创造价值"，但是理论的完善需要科学、合理的实证检验。因此，未来的研究可以致力于数据测量和实证检验价值共创的作用机制问题，以形成一套系统的理论体系。

第二，随着服务实践的发展，价值创造主导逻辑不断发生改变，从企业单独创造价值的商品主导逻辑发展到顾客与企业共同创造价值的服务主导逻辑，但价值到底由谁创造仍存争论。价值创造研究从企业生产转向顾客消费过程，价值不一定仅由企业与顾客创造，还有顾客单独创造或者顾客与顾客合作创造。这种基于顾客消费过程并由顾客创造价值的顾客主导逻辑强调从使用价值、消费者个人情景以及消费者服务体验经历等方面检验服务价值创造（Kristina Heinonen，2010）。未来的研究可以比较这些各具特点的主导逻辑，用以完善价值共创理论，并探索企业该如何充分利用这些主导逻辑指导自身的经营管理实践活动。

第三，在服务营销和管理中，价值是最不确定和难以捉摸的概念（Fernandez，Bonilla，2009）。现有文献研究强调共同创造为企业带来经济价值、关系价值、创新与研发价值等价值。但这仅局限于价值的积极一面，实际上价值共创也有一定的风险，价值的共同创造一旦变成了共同破坏（co-destruction），会给企业管理实践活动造成更大的损害，产生较大的负面价值。如有缺陷的共创服务会导致较差的服务体验、降低顾客满意度甚至通过虚拟社区的负面口碑进行传播（Heidenreich，Sven Wittkowski et al.，2014）。因此，未来的研究中要正视价值共创消极的一面，探索并发现价值共创运行机制中负面价值产生的环节及影响因素，力图控制共同破坏的产生。同时对于价值共创中产生的负面价值，要如何进行补救也需要做进一步研究。

第四，从目前文献研究来看，价值共创研究仍然局限于传统的服务行业。从长远来看，所有经济都是服务经济，不断增加的产业分离、专业化和外包，使得服务成为最重要的经济状态（Vargo S. L.，Lusch R. F.，2008）。这给价值共创理论的发展提出了新的挑战，要使这一理论能够得到更加广泛的认可和运用，这就要求学者们在现有研究基础之上，不断探索价值共创理论在现代服务行业甚至实体行业如何运用，构建具有普适性的价值共创理论和框架，用于指导服务经济时代下不同行业开展价值共创实践活动。

参考文献

［1］Shafigue M.. Thinking Inside the Box? Intellectual Structural Change：Seminal Contributions and a Bibliometric Account［J］. Strategic Management Journal，2012，34（1）：62-93.

［2］陈悦，陈超美，刘则渊，胡志刚，王贤文. CiteSpace 知识图谱的方法论功能［J］. 科学学研究，2015，33（2）：242-253.

［3］Chaomei Chen，Il-Yeol Song，Xiaojun Yuan，et al. The thematic and citation landscape of Data and Knowledge Engineering（1985-2007）［J］. Data & Knowledge Engineering，2008，67（2）：234-259.

［4］van Leeuwen T.. The Application of Bibliometric Analysis in the Evaluation of Social Science Research. Who benefits from it，and why it is still feasible［J］. Scientometrics，2006，66（1）：133-154.

［5］李杰，陈超美. CiteSpace：科技文本挖掘及可视化［M］. 北京：首都经济贸易大学出版社，2016：142.

［6］Chen C. M.. Searching for Intellectual Turning Points：Progressive Knowledge Domain Visualization. Proceedings of the National Academy of Sciences of the United States of America，2004，101（S1）：5303-5310.

［7］von Hippel E.. Lead Users：A Source of Novel Product Concepts［J］. Management

Science, 1986, 32 (7): 791-805.

[8] Nikolaus Franke, Sonali Shah. How Communities Support Innovative Studies: An Exploration of Assistance and Sharing among End-users [J]. Research Policy, 2003, 32 (1): 157-178.

[9] Jonsson K., Westergren U., Holmstrom J.. Technologies for Value Creation: An Exploration of Remote Diagnostics Systems in the Manufacturing Industry [J]. Information Systems Journal, 2008, 18 (3): 227-245.

[10] Guido Hertel, Sven Niedner, Stefanie Herrmann. Motivation of Software Developers in Open Source Projects: An Internet-based Survey of Contributors to the Linux Kernel [J]. Research Policy, 2003, 32 (7): 1159-1177.

[11] Utpal M. Dholakiaa, Richard P. Bagozzia, Lisa Klein Pearo. A Social Influence Model of Consumer Participation in Network and Small-group-based Virtual Communities [J]. International Journal of Research in Marketing, 2004, 21 (3): 241-263.

[12] René Algesheimer, Utpal M. Dholakia, Andreas Herrmann. The Social Influence of Brand Community: Evidence from European Car Clubs [J]. Journal of Marketing, 2005, 69 (7): 19-34.

[13] Holm D. B., Eriksson K., Johanson J.. Creating Value through Mutual Commitment to Business Network Relationships [J]. Strategic Management Journal, 1999, 5 (20): 467-486.

[14] Hogan J. E.. Expected Relationship Value a Construct, a Methodology for Measurement, and a Modeling Technique [J]. Industrial Marketing Management, 2001, 30 (4): 339-351.

[15] Prahalad C. K., Ramaswamy V.. Co-opting Customer Competence [J]. Harvard Business Review, 2000, 78 (1): 79-90.

[16] Prahalad C. K., Ramaswamy V.. The Future of Competition: Creating Unique Value with Customers [J]. Strategy & Leadership, 2004, 32 (3): 4-9.

[17] Flint D. J.. Strategic Marketing in Global Supply Chains: Four Challenges [J]. Industrial Marketing Management, 2004, 33 (1): 45-50.

［18］Prahalad C. K.. The Co-creation of Value — Invited Commentary ［J］. Journal of Marketing, 2004, 30（2）: 19-30.

［19］E. Jaakkola, M. Alexander. The Role of Customer Engagement Behavior in Value Co-Creation: A Service System Perspective ［J］. Journal of Service Research, 2014, 17（3）: 247-261.

［20］Vargo S. L., Maglio P. P., Akaka M.. On Value and Value Co-Creation: A Service Systems and Service Logic Perspective ［J］. European Management Journal, 2008, 26（3）: 145-152.

［21］Xie C. Y., Bagozzi R. P., Troye S. V.. Trying to Prosume: Toward a Theory of Consumers as Co-creators of Value ［J］. Journal of the Academy of Marketing Science, 2008, 36（1）: 109-122.

［22］van Doorn J., Lemon K. N., Mittal V., et al. Customer Engagement Behavior: Theoretical Foundations and Research Directions ［J］. Journal of Service Research, 2010, 13（3）: 253-266.

［23］Bolton R., Saxena-Iyer S.. Interactive Services: A Framework, Synthesis and Research Directions ［J］. Journal of Interactive Marketing, 2009, 23（1）: 91-104.

［24］Schau H. J., Muñiz A. M., Arnould E. J.. How Brand Community Practices Create Value ［J］. Journal of Marketing, 2009, 73（5）: 30-51.

［25］Johanna Gummerus, Veronica Liljander, Minna Pura, et al. Customer Loyalty to Content-Based Web Sites: The Case of an Online Health-Care Service ［J］. Journal of Services Marketing, 2004, 18（3）: 175-186.

［26］Ostrom A. L., Bitner M. J., Brown S. W., et al. Moving forward and Making a Difference: Research Priorities for the Science of Service ［J］. Journal of Service Research, 2010, 13（1）: 4-36.

［27］Brainard L. A.. Citizen Organizing in Cyberspace ［J］. American Review of Public Administration, 2003, 33（33）: 384-406.

［28］Emanuel E. J., Schnipper L. E., Kamin D. Y., et al. The Costs of Conducting Clinical Research ［J］. Journal of Clinical Oncology Official Journal of the American Society of

Clinical Oncology, 2003, 21 (22): 4145-4150.

［29］Bendapudi N., Leone R. P.. Psychological Implications of Customer Participation in Co-Production ［J］. Journal of Marketing, 2003, 67 (1): 14-28.

［30］Chesbrough, H. W.. Open Business Models: How to Thrive in the New Innovation Landscape ［M］. Harvard Business School Press, Boston, MA. 2006.

［31］Vargo, S. L., Lusch, R. F. Evolving to a New Dominant Logic for Marketing ［J］. Journal of Marketing, 2004, 68 (1): 1-17.

［32］Lusch R. F., Vargo S. L., O Brien M.. Competing through Service: Insights from Service-Dominant Logic ［J］. Journal of Retailing, 2007, 83 (1): 5-18.

［33］Vargo S. L., Lusch R. F.. From Goods to Service (s): Divergences and Convergences of Logics ［J］. Industrial Marketing Management, 2008, 37 (3): 254-259.

［34］Ballantyne D., Varey R. J.. Creating Value-in-Use through Marketing Interaction: The Exchange Logic of Relating, Communicating and Knowing ［J］. Marketing Theory, 2006, 6 (3): 335-348.

［35］Vargo S. L., Lusch R. F.. Service-Dominant Logic: Continuing the Evolution ［J］. Journal of the Academy of Marketing Science, 2008, 36 (1): 1-10.

［36］Gronroos, C.. Service Logic Revisited: Who Creates Value? and Who Co-creates ［J］. European Business Review, 2008, 20 (4): 298-314.

［37］Ramani G., Kumar V.. Interaction Orientation and Firm Performance ［J］. Journal of Marketing, 2008, 72 (1): 27-45.

［38］Payne A. F., Storbacka K., Frow P.. Managing the Co-creation of Value ［J］. Journal of the Academy of Marketing Science, 2008, 36 (1): 83-96.

［39］Güne E. D., Akin O. Z.. Value Creation in Service Delivery: Relating Market Segmentation, Incentive and Operational Performance ［J］. Manufacturing & Service Operations Management, 2004, 6 (4) : 338-357.

［40］Callon M., Courtial J. P., Laville, F.. Co-word Analysis as a Tool for Describing the Network of Interactions between Basic and Technological Research: The Case of Polymer Chemistry ［J］. Scientometrics, 1991, 22 (1): 155-205.

[41] 房宏君. 国内科技人才研究的来源分析和热点分析 [J]. 人力资源管理, 2011, 60 (12): 120-121.

[42] Heinonen K., Strandvik T., Mickelsson K. J., Edvardsson B., Sundström E., Andersson P.. A Customer-Dominant Logic of Service [J]. Journal of Service Management, 2010, 21 (4): 531-548.

[43] Fernandez, Bonilla. The Conceptualization and Measurement of Consumer Value in Services [J]. Journal of Market Research, 2009, 51 (1): 93-113.

[44] Heidenreich, Sven Wittkowski. The Dark Side of Customer Co-creation: Exploring the Consequences of Failed Co-Created Services [J]. Journal of the Academy of Marketing Science, 2014, 43 (3): 279-296.

[45] Vargo, S. L., Lusch, R. F.. Service-Dominant Logic: Continuing the Evolution [J]. Journal of the Academy of Marketing Science, 2008, 36 (1): 1-10.

Knowledge Structure and Hotspots of Value Co-creation

——Based on Bibliometric Analysis of SSCI (2006~2015)

LUO Dan, ZHAO Xixia

Abstract: The paper uses CiteSpace Ⅲ to analyze 298 academic papers and their references about value co-creation published in SSCI journals during 2006~2015. Through co-cited references analysis and keyword co-occurrence analysis, it attempts to present the development of value co-creation theory shifting the perspective from subjective judgment to objective measurement, and provides some reference for its systematic development. It identifies that: the number of articles is continuously increasing, and the research topics are gradually concentrated; research perspectives are shifting from Technological innovation management, strategic management, to marketing and consumer, service science, and it forms six clusters, in which service dominant logic clustering is highlighted; recent research focus points to service dominant logic and service innovation. It puts forward the future research focusing on the broadening perspectives and multiple research methods to test a systemic theory and explores the evolution of the service paradigm, the negative value co-creation and industry practice.

Key words: Value Co - creation; CiteSpace Ⅲ; Service - Dominant logic; Bibliometric analysis

从企业家到文化企业家：内涵初探*

◎ 刘凌艳**

摘要：文化企业家是文化企业获得关键性资源的核心要素，对该群体的分析是推动企业成长乃至整个产业发展不得不面对和解决的问题。论文通过对企业家理论进行回顾、梳理企业家内涵和文化企业家内涵的相关研究文献，尝试对文化企业家内涵进行初探。研究认为，文化企业家是存在于所有提供象征性商品和服务的机构中，在推动企业实现创意到创新转化过程中，不断地接受平衡商业秩序和艺术诚信的挑战，始终坚持文化自治界限，从而同时实现艺术价值和经济价值的文化中介。

关键词：企业家；文化企业家内涵；文献探析

一、引言

"创意产业"首次被讨论是在20世纪90年代初，由英国文化、传

---

  * 基金项目：国家社科基金重点项目"推动文化产业成为国民经济支柱产业"（12AZD018）。

  ** 刘凌艳，四川大学博士研究生，研究方向：文化创意管理，E-mail：1312472274@qq.com。

媒及体育部于发表的创意产业计划文件提出，"起源于创造力、技能和天赋，通过生成和开发知识产权，具有创造财富和就业潜力的那些行业"。如今，发展创意产业已成为世界各国政府经济政策的重要方向，成为推动国内生产总值和就业增长的重要力量，并加快城市发展。

根据熊彼特（2012）的观点，"在高度不确定性的环境中，企业面临的问题大多是非结构化的无法通过简单模仿或沿袭旧方法来解决，需要决策者根据对环境的认知并结合个人的判断做出决策"。文化企业家因其在企业资源获取和成长中的核心作用，已成为创意产业发展不可或缺的重要角色。世界各国政府逐步开始重视文化企业家的重要性，迫切需要对其进行分析。从已有的国内外文献看，国外涉及文化企业家的研究相对丰富，国内起步稍晚、文献相对较少。

二、企业家理论发展的五个时期

企业家理论（entrepreneur theory）的发展历经前史、古典经济学时期、新古典经济学时期、新制度经济学时期和新发展时期。

企业家理论前史。此阶段的企业家理论对企业家的内涵、特质、形成机制等都没有形成科学全面的阐述，只能作为企业家理论的雏形。16世纪初，entrepreneurs 一词被指为那些领导军事远征的人。在很大的程度上，这个词相当于 adventurer，那时的企业家更多地被作为冒险者与创造者。17世纪，entrepreneur 被指为那些承建道路、桥梁、港口和防卫工程的人，之后也包括建筑家在内。在很大的程度上，这个词相当于经营者（undertake）。18世纪，杜尔阁在其《财富的形成与分配》一书中提到，企业家是以资本冒险的人。这时 entrepreneur 一词等同于资本家（capitalist）。值得注意的是，法国经济学家理查德·坎蒂隆在1755年出版的《商业性质概论》中，最先使用企业家的概念并系统考察企业家角色。他把企业家置于不确定的市场环境中来考察其地位和作用。

古典经济学时期。由于古典经济学强调自由竞争、完全信息和完全市场，认为企业的发展不需要企业家的积极作用，这个阶段对企业家的研究并不是主流，企业家理论的发展也相对薄弱。19 世纪，萨伊（J. B. Say）在 *Catechism of Political Economy* 一书中最早提出企业家作为经理人的概念。萨伊认为，企业家通常并非必要提供他自己的或借来的资本。如果想成功，他必须具有"判断力、坚忍不拔、对于商业以及世界的知识，他必须有管理与行政的艺术"。企业家是结合一切生产手段并为产品寻求价值的代理人，能够把经济资源从生产率较低和产量较少的领域，转移到生产率较高和产量较大的领域。

新古典经济学时期。随着资本主义政治经济形态的深入发展，学者们对企业家的认识远远超越了前一个时期，企业家理论逐步由表象向本质延伸，从更深层次上对企业家加以研究和解释。1890 年，马歇尔在《经济学原理》一书中提出企业家的本质是生产要素卖方和产品买方之间的中间商人。企业家的作用是把生产要素在企业内组合成商品（即生产制造业）并将商品以合适的渠道送达消费者手中（即商业）。同时，为了追求成本最小化，企业家成为运用新技术、采用新形式的创新者。马歇尔还阐述了企业家的另一个重要职能：风险承担者。企业家在购进、产出、实现价值的过程中，承担着各种形式各种来源的风险。资本不论其来源于借贷还是来源于自有，一旦经营失败，企业家都要承担由此带来的损失。20 世纪，熊彼特（J. A. Schumpeter）基于创新理论，提出了企业家理论，这时企业家被看作革新者。1934 年，熊彼特在 *The Theory of Economic Development* 中谈到创新理论和企业家创造性地破坏市场均衡，利息和利润两者皆因富有创新能力的企业家完成的经济进步的改变而产生，企业家由此成为推动经济发展的主体。创新（innovation）成为企业家能力的标准和企业家的本质。而创新的主动力来自企业家精神。他指出，企业家与只想赚钱的普通商人不同，个人致富充其量仅是他部分目的，而最突出的动机来于"个人实现"的心理，即"企业家精神"（建立私人王国、渴望胜利的热情、创造的喜悦和坚强的意志）。创新成功与否取决于企业家的素质（决策、行动和行为能力的形态）。科斯纳（1975）从信息不完全出发，把企业家的特征与市场竞争结合在一起。他认为企业家的作用是从现实经济中不能完全掌握所有交易信息中，发现交易机会并作为中间人参与，从而推动市场过程促进交易实现。企业家行为的本质就是及时发现在投入和产出的相对关系中潜在的更有价值的机会并加以利用。奈特（1921）从不确定性理论角度研究企业家，把企业家的作用与处理不确定性风险的能力相结合。奈特指出，企业家为发挥这一能力，必须具有对各生产服务合同收入的保证能力和对将来形势的"预测"能力。企业所获利润的大小，有可能被企业家刚毅或懦弱的性格特质所影响。1982 年，卡森提出企业家可以通过建立企业而发挥自己的信息优势，已解决市场失效带来的信息不完全和交易成本问题。1968 年，列宾斯坦在《企业家精神和发展》一书中提出企业家的作用可以克服 X-非效率。

新制度经济学时期。企业家理论完成了由单独的研究企业家，到将企业家置于企业和市场的大环境中加以分析的发展过程，是企业家理论辉煌发展的开始。20 世纪 90 年代以后，诺思将企业家引入制度变迁模型中，阐述了企业家扮演制度变迁代理人的角色，提出企业家由于稀缺条件导致的竞争而和组织加紧学习并在学习过程中发现潜在利润，创新现有制度。1972 年，阿尔钦和德姆塞茨提出以团队生产理论为基础的企业家理论，把企业家的功能总结为"监督"。

新发展时期。这个阶段由于经济发展的全球化赋予企业家理论更多丰富的内容。21 世纪，美国战略咨询公司——全球伙伴研究公司的理事长兼总裁詹姆斯·穆尔指出，工业化后时代经济中的领导者可以得到大量的资源用以组建企业和建立市场：全球资本市场能提供现成的支持；技术和管理方面的知识广泛传播；在许多情况下，对实业界的管制都减少甚至取消；有才干的人甘冒断送前程的风险从事新的事业。领导者的精神状态越来越成为事业成败的关键，企业家突出成为决策者。资源本身已不再特别重要，决定的因素是如何将资源集中起来创造新价值。今天的领导者在精神状态所能发生的最大变化是不再把自己的企业看作等级分明的结构，而把自己视为一个由不断进化的复杂系统组成的世界的参与者。这种新的战略范式所需要的是对个人和结构组成的社会实行领导，而不是实行控制。它要求尊重并利用你周围其他人的才智，共同努力实现新的创新，它要求开创未来，而不是捍卫过去的企业。

三、企业家内涵、文化企业家内涵研究文献述评

笔者以时间为线索，对企业家内涵的相关文献进行回顾，整理出各个阶段具有代表性的经典论文，已有研究结果如表 1 所示。

表 1　企业家研究结果列表（时间）

年份	文献名称	作者	研究结论
1755	Essay on the Nature of Trade in General	理查德·坎蒂隆（Richard Cantillon）	坎蒂隆认为企业家是在市场中充分利用未被他人认识的获利机会，承担从事市场交换的风险，获得不确定收益
1803	Catechism of Political Economy	萨伊（J. B. Say）	萨伊强调了企业家的重要性，提出企业家概念包括企业家职能和企业家精神，并且第一次明确地诠释企业家的职能是组织劳动、资本、土地、知识等各项资源实施生产

续表

年份	文献名称	作者	研究结论
1890	Principles of Economics	马歇尔（Alfred Marshall）	马歇尔认为，企业家是企业生产经营的指挥者和风险承担者，是生产要素卖方和产品买方之间的中间人，强调了企业家必须实际经营企业并拥有企业财产所有权，从而赋予企业家"所有者""协调指挥者""中间人""风险承担者"等多重角色
1921	Risk, Uncertainty and Profit	奈特（Knight F. H.）	奈特赋予企业家不确定决策者的角色，他把企业家的职能和处理不确定性的能力结合起来，为了发挥这一能力，必须具有对各生产要素合同收入的保证能力，通过洞察他人能力的能力和让别人相信自己有能力的能力，使得具有经营才能的管理者处于企业首脑地位，执行企业家职能
1934	The Theory of Economic Development	熊彼特（Schumpeter J. A.）	熊彼特指出"企业"是指生产手段新组合的实现，并把其职能是实现新组合的人们称为"企业家"
1968	Entrepreneurship and Development	列宾斯坦（Leibenstein）	列宾斯坦提出企业家就是避免别人——或他们所属组织易于出现的低效率，从而取得成功的人
1972	Production, Information Costs, and Economic Organization	阿尔钦和德姆塞茨（Alchian A. A., Demsetz H.）	阿尔钦和德姆塞茨以团队生产为出发点，着重强调企业内部组织结构问题，将企业看作团队生产，在生产中，难以确定每项投入的边际贡献和其相适应的报酬，产生"偷懒"问题，而将企业家视作监督者，并拥有剩余索取权
1973	Competition and Entrepreneurship	科斯纳（Kirznar）	科斯纳批判了传统价格决定理论，从市场结构的角度研究企业家，强调企业家在市场过程中追逐利润，企业家精神是对未被识别的机会的警惕

续表

年份	文献名称	作者	研究结论
1982	The Entrepreneur: An Economic Theory	卡森 (Mark Casson)	卡森将企业家定义为专门就稀缺性资源做出判断性决策的人，用企业家市场均衡模型来研究企业家，得出企业家参与市场活动可降低交易成本，促进市场形成
1990	Institutions, Institutional Change, and Economic Performance	诺思 (Douglass C. North)	诺思从人类行为理论和交易费用理论相结合的分析视角对制度的复杂构成做了理论探讨，认为组织及其企业家是制度变迁的主角，企业家运用自己的才能重新配置资源获得更多的利益机会，通过组织改变制度框架规则

资料来源：笔者整理。

　　对文化企业家界定的文献回顾笔者以时间作为线索，梳理各个阶段具有代表性的文章。如文化企业家是创新者，既拥有企业家的特征，又从新奇的文化活动中产生收益。文化企业家不只是管理文化活动，他们还会发现它并探索它的潜能。全球文化企业家中心（GCCE，2010）认为，文化企业家是文化改变的代理人和足智多谋的梦想家，从文化活动中获益。他们的创新解决方案带来了经济的可持续的文化企业，提高了生活水平，他们为文化产品、服务的创造者和消费者都创造了文化价值。文化企业家们拥有这些特殊属性：激情、眼光、领导力、足智多谋以及"市场悟性"。杨永忠（2014）提出，文化企业家具有将文化行为与经济行为结合、学习行为与创新行为结合、组织行为与合作行为结合、自利行为与他利行为结合的四种特征，在他们身上，既有文化专家的身影，也蕴藏企业家的灵魂。文化企业家还扮演着战略家、改革者和催化剂的时代角色。他们在战略层面重新构想经济模型，并积极寻找文化与发展缺失的空间，将创意作为一种实实在在的资产。研究成果如表2所示。

表 2　文化企业家内涵的文献列表

年份	文献名称	作者	研究结论
1982	Cultural Entrepreneurship in Nineteenth - Century Boston: the Creation of an Organizational Base for High Culture in America	DiMaggio P.	DiMaggio 认为文化企业家都是汇聚新领域或通过高文化建立领域内身份标定的新逻辑的精英企业家
1996	Cultural Entrepreneurship and the Banff Television Festival	Acheson K., Maule C. J., Filleul E.	将文化企业家视作提供高价值的文化服务的非盈利团队
2000	Making Popular Music: Musicians, Creativity and Institutions	Toynbee J.	Toynbee 将文化企业家视为一个社会群体，这个群体由小生产者的群体构成，自主承担往往通过"反复表演和形象建设"而产生的起家的"高成本"
2003	Cultural Entrepreneurialism: on the Changing Relationship between the Arts, Culture and Employment	Ellmeier A.	Ellmeier 认为文化企业家是多技能、灵活、心理上有弹性、独立、能有机会在艺术、音乐或媒体领域跳出来的人
2006	The Cultural Entrepreneur and the Creative Industries: Beginning in Vienna	Swedberg R.	Swedberg 认为文化企业家不总是以经济利益为目的的艺术家，他们是在创意领域中创造新颖、受欢迎作品的人，获利不是核心问题
2008	Cultural Entrepreneurs: Producing Cultural Value and Wealth	Aageson T. H.	Aageson 将文化企业家看作利用文化创新创造繁荣经济的变革推动者，是从创新和可持续的文化企业中创收的足智多谋的梦想家们，为文化产品和服务的生产者和消费者创造文化价值
2010	Cultural Entrepreneurs	全球文化企业家中心	文化企业家是文化改变的代理人和足智多谋的梦想家，从文化活动中获益。他们的创新解决方案带来了经济的可持续的文化企业，提高了生活水平，他们为文化产品、服务的创造者和消费者都创造了文化价值

续表

年份	文献名称	作者	研究结论
2011	Cultural Entrepreneurship	Klamer A.	Klamer 将文化企业家视为一群实现文化价值的人，他们关注文化内容和艺术本身，创造性打破惯例，把经济当成实现文化价值的工具
2012	Cultural Entrepreneurs, Cultural Entrepreneurship: Music Producers Mobilising and Converting Bourdieu's Alternative Capitals	Scott M.	Scott 认为文化企业家是将建立艺术生涯作为主要的生活目标的社会群体。因为还无法从艺术生产中获利，他们制造文化产品的同时从事其他有偿工作
2014	文化企业家崛起：这个时代最耀眼的明星和符号	杨永忠	文化企业家具有将文化行为与经济行为结合、学习行为与创新行为结合、组织行为与合作行为结合、自利行为与他利行为结合的四种特征，在他们身上，既有文化专家的身影，也蕴藏企业家的灵魂。文化企业家还扮演着战略家、改革者和催化剂的时代角色

资料来源：本文整理。

同时，针对文化企业家的主要特征，对从积极的情感、创造力、独特性三个维度的研究也进行了梳理，相关代表性文献如表3所示。

表3 文化企业家主要特征的文献列表

研究角度	文献名称	作者	研究结论
文化企业家积极的情感、创造力、独特性等	Creativity: the Social Psychology of Creativity (1984, Science)	Csikszentmihalyi M.	该文认为内在动机在创意过程中起着至关重要的作用。研究结果显示，情感是破坏内在动机和创意的驱动因素，而不是认知和机制

续表

研究角度	文献名称	作者	研究结论
文化企业家积极的情感、创造力、独特性等	Creativity, Self - efficacy, and Small - Firm Performance: The Mediating Role of Entrepreneurial Orientation (2015, Small Business Economics)	Khedhaouria A., Gurău C., Torrès O.	文章以小型公司为例，发现文化企业家的创造力会影响企业整体的创意能力，企业家积极的情感能够体现在创意产品中
	Management and Creativity: From Creativity Industries to Creative Management (2007, Blackwell)	Bilton	通过探讨创意管理和创意方法，发现文化企业家在企业管理、企业经营过程中，只有更多地运用创意方法，企业才能更好地发展。而文化企业家的创造力水平可以增加这种创意
	The Rise of the Creative Class (2002, Washington Monthly)	Richard Florida	本文讨论了美国特色城市和地区的创意阶层的崛起，并认为城市和地区的独有特征吸引了创意人才，其独特性是创意活动成功的主要基础
	Factors Influencing Creativity and Innovation of the Senior Managers of Iran University of Medical Sciences (2010, Journal of Biological Sciences)	Dehnavieh R., Hasanzadeh E., Mehralhasani M. H., Pour H. I., Shahheidari M.	文章使用 66 名企业家的调查数据进行实证分析，结果发现相关制度、企业家所拥有的知识技能都会影响企业家的创意
	A Network Perspective on Stakeholder Management: Facilitating Entrepreneurs in the Discovery of Opportunities (2005, Journal of Business Ethics)	Vandekerckhove W., Dentchev NA	文章主要阐述了机会、外界网络等对企业家的创意思维以及企业发展的影响。结果发现，在创业中，环境并不能完全适应利益相关者所面临的复杂的利益。同时也发现，企业家的个人特征、独立性也会影响企业家的创意思维

资料来源：本文整理。

四、文化企业家内涵初探

目前对文化企业家内涵的研究具有以经济学为侧重、管理学新兴进入、多门学科参与、多学科多视角的态势。首先，研究者们关注了文化企业家概念的界定问题。如对文化企业家身份的描述，他们是通过高文化来建立领域内身份标志的精英企业家。发现文化企业家的特质，经济利益不是唯一的目标，艺术守门人的角色更加重要，将文化行为与经济行为结合、学习行为与创新行为结合、组织行为与合作行为结合、自利行为与他利行为结合。其次，研究者们从文化企业家的特征出发对文化企业家的行为进行了探讨。其中，国外学者围绕"处理文化创意组织特有的矛盾"的相关问题的分析较为全面和深入，从而衍生出艺术职能、商业职能、文化资源的识别和开发职能等多方面问题的探析。

以上可见，国内外众多学者围绕文化企业家从一般性的概念界定、特征等多视角进行了分析，提出许多具有建设性的理论成果，这些成果对进一步深化文化企业家内涵的研究有着十分重要的借鉴和启示。与此同时，文献研究也表明，对文化企业家内涵的系统描述尚有待进一步拓展。文化企业家的内涵不单纯是一个概念界定问题，文化企业家存在于所有提供象征性商品和服务的机构中；与其他企业家相比，他们最重要的特质是让艺术与获利结合；他们在推动企业实现创意到创新转化的过程中，不断地在艺术与商业的模糊界限中寻找平衡，在创造经济利益的同时履行自身艺术守门人的职能，从而为文化产品和服务的生产者与消费者创造价值。

参考文献

[1] DCMS. Creative Industries Mapping Document [M]. London：DCMS, 1998.

［2］熊彼特．经济发展理论［M］．北京：商务印书馆，2012.

［3］高良谋，郑萍．企业家理论的困惑［J］．学习与探索，1997（4）：17-22.

［4］孙岩利．企业家的选择机制研究［D］．首都经济贸易大学，2005.

［5］杜阁．关于财富的形成和分配的考察［M］．北京：商务印书馆，1997.

［6］理查德·坎蒂隆．商业性质概论［M］．北京：商务印书馆，2011.

［7］萨伊．政治经济学概论［M］．北京：商务印书馆，1997.

［8］马歇尔．经济学原理［M］．北京：商务印书馆，1964.

［9］Schumpeter J., Backhaus U.. The Theory of Economic Development［M］. Boston：Springer US, 2003：61-116.

［10］Kirzner I. M.. Competition and Entrepreneurship［M］. Chicago：University of Chicago Press, 1973.

［11］富兰克·H. 奈特．风险、不确定性和利润［M］．北京：华夏出版社，2006.

［12］Casson M.. The Entrepreneur：An Economic Theory［M］. Rowman & Littlefield, 1982.

［13］Leibenstein H.. Entrepreneurship and Development［M］. Khōngkān Lāo - Nyīalaman phūa kānfuʻkʻophom læ hai khampuʻksā thāngdān sētthakit, 1998.

［14］道格拉斯·C. 诺思．制度、制度变迁与经济绩效［M］．上海：格致出版社，上海三联书店，上海人民出版社，2008.

［15］Alchian A. A., Demsetz H.. Production, Information Costs, and Economic Organization［J］. IEEE Engineering Management Review, 1975, 62（2）：21-41.

［16］J. F. Moore. The Rise of a New Corporate Form［M］. Washington Quartely, 1998, 21（1）：167-181.

［17］Blaug M., Towse R.. Cultural Entrepreneurship［M］. Ruth Towse（ed.），A Handbook of Cultural Economics（second edition）. Cheltenham：Edward Elgar, 2011.

［18］"Global Center for Cultural Entrepreneurs"［EB/OL］. http：//www. creativestartups. org/.

［19］杨永忠．文化企业家崛起：这个时代最耀眼的明星和符号［EB/OL］. 中国新闻网，2014.

［20］ Dimaggio P. J.. Cultural Entrepreneurship in Nineteenth – Century Boston ［J］. Media Culture & Society, 1982, 4（1）: 33-50.

［21］ Acheson K., Maule C. J., Filleul E.. Cultural Entrepreneurship and the Banff Television Festival ［J］. Journal of Cultural Economics, 1996, 20（4）: 321-339.

［22］ Toynbee J.. Making Popular Music: Musicians, Creativity and Institutions ［J］. European Journal of Communication, 2000.

［23］ Andrea Ellmeier. Cultural Entrepreneurialism: On the Changing Relationship between the Arts, Culture and Employment1 ［J］. International Journal of Cultural Policy, 2003, 9（1）: 3-16.

［24］ Swedberg R.. The Cultural Entrepreneur and the Creative Industries: Beginning in Vienna ［J］. Journal of Cultural Economics, 2006, 30（4）: 243-261.

［25］ Anheier H. K., Isar Y. R.. Cultures and Globalization ［J］. The Cultural Economy, 2015: 92-107.

［26］ Klamer A.. Cultural Entrepreneurship ［J］. The Review of Austrian Economics, 2011, 24（2）: 141-156.

［27］ Scott M.. Cultural Entrepreneurs, Cultural Entrepreneurship: Music Producers Mobilising and Converting Bourdieu's Alternative Capitals ［J］. Poetics, 2012, 40（3）: 237-255.

［28］ Csikszentmihalyi M.. Creativity: The Social Psychology of Creativity. ［J］. Science, 1984, 225（4665）: 918-919.

［29］ Khedhaouria A., Gurău C., Torrès O.. Creativity, Self-efficacy, and Small-firm Performance: The Mediating Role of Entrepreneurial Orientation ［J］. Small Business Economics, 2015, 44（3）: 485-504.

［30］ Bilton C.. Management and Creativity: From Creative Industries to Creative Management ［M］. Blackwell Publishing, 2007.

［31］ Florida R.. The Rise of the Creative Class ［J］. Washington Monthly, 2002, 35（5）: 593-596.

［32］ Dehnavieh R., Hasanzadeh E., Mehralhasani M. H., et al. Factors Influencing Creativity and Innovation of the Senior Managers of Iran University of Medical Sciences ［J］.

Research Journal of Biological Sciences, 2010, 5 (11): 708-712.

［33］Vandekerckhove W., Dentchev N. A.. A Network Perspective on Stakeholder Management: Facilitating Entrepreneurs in the Discovery of Opportunities ［J］. Journal of Business Ethics, 2005, 60 (3): 221-232.

A Tentative Exploration of the Connotation of Cultural Entrepreneurs

LIU Lingyan

Abstract: Cultural entrepreneur is the core factor for culture enterprise to gain key resources. The analysis of this group is the necessary problem to face and solve when driving the growth of enterprises and the development of the whole industry. The author tries to explore the cultural entrepreneur connotation by reviewing entrepreneur theory and teasing out related researches of the entrepreneur connotation and cultural entrepreneur connotation. Cultural entrepreneur is a creator who constantly looks for a balance from the fuzzy boundary of artist and business during the conversion from creativity to innovation, with realizing artistic value and economic value.

Key words: Entrepreneur; Cultural entrepreneur connotation; Literature analysis

电影社交网络营销对消费者行为意愿影响研究[*]

◎ 张　颖　杨镒民　刘潇靖^{**}

　　摘要： 本研究基于技术接受模型（TAM），结合社会网络的感知娱乐性、互动性、利他性、信任等特征因素，提出了社交网络营销活动对电影消费者行为意愿影响的假设模型。研究将行为意愿划分为搜索意愿、购买意愿和分享意愿，并实证检验了不同因素对三种行为意愿的影响。研究发现，感知有用性对搜索和购买意愿有显著正向影响，而对分享意愿的影响不显著；感知娱乐性、互动性、信任和消费者对电影社交网络营销的整体态度对三种意愿都有显著正向影响，感知娱乐性尤其对搜索和购买意愿影响显著，互动性对分享意愿影响更加明显，信任则对搜索意愿有十分明显的作用；利他性需求主要影响分享意愿；感知易用性则因对三种意愿均无显著影响而

　　* 基金项目：四川大学研究生课程建设项目"创意管理学"（编号2016KCJS041）。
　　** 张颖，四川大学管理学硕士，研究方向：技术创新与文化创意；杨镒民，四川大学硕士研究生，研究方向：文化创意管理；刘潇靖，明尼苏达大学（德卢斯分校）金融专业学生。

被排除在模型外。

关键词：电影营销；社交网络；消费者行为意愿；影响因素

一、引言

当下，社交网络已成为中国人信息流通的重要渠道；而随着中国电影市场的发展，不少黑马腾空而出，其恰恰是利用了社交网络营销而实现小投入大回报，凸显了社会网络营销的重要性。目前中国电影业在社交网络营销领域的理论落后于实践发展，并且主要是以定性研究为主，缺乏强有力的实证依据，更鲜有管理学视角的讨论。另外，目前国内对电影营销的讨论多是以厂商视角进行讨论，很少涉及消费方，而对消费者的电影消费行为意愿特征分析更是缺少。因此，本研究尝试探索该领域的理论空间，特别是管理学视角的实证研究。本研究以技术接受模型（TAM）为基础，引入社交网络行为的互动性和利他性需求等，建构出电影社交网络营销对消费者行为意愿影响模型，并通过问卷调查和数据分析进行实证检验。同时，本文的研究结果有助于在实践层面的电影营销方、发行方、平台方等利益相关者更好地了解影响电影消费者行为意愿的重要因素，为其更好地进行社交网络营销提供参考和理论依据。

二、理论回顾与假设提出

（一）电影消费者行为意愿

Ajzen 和 Fishbein（1980）认为行为意愿是指消费者对自己某种行

为的积极意愿的程度，往往具有一定的自发性，在没有其他外部因素影响干扰时，这种积极的意愿会促使顾客进行某种行为。简单来说，某事的行为意愿越强烈，去进行某事的可能性就越大。在本研究中，将电影消费者行为意愿定义为：消费者（观众）通过社交网络接触到电影的营销宣传信息后，而进行与该影片相关的某种行为的可能性。

目前关于消费者的行为意愿类型尚没有统一的观点。根据董大海和金玉芳（2003）的梳理，大多数学者认同将消费者行为意愿分为购买意愿（购买意图、再次购买、重复消费等）和分享意愿（向他人推荐、向他人说坏话、差评等）。另外，在信息爆炸的时代，为了降低购买风险和获取更多信息，消费者在消费时除了购买和分享这两个常规行为外，对信息的搜索成为消费过程和消费决策的重要因素（洪成一等，2003；王知津等，2011）。

基于此，结合前人研究成果和社交网络时代消费者的消费特点，本研究将电影消费者的行为意愿分为搜索意愿、购买意愿和分享意愿。其中，电影消费者的购买意愿主要是指付费观看意愿，包括电影院观看、其他渠道付费观看。

（二）社交网络中电影消费者行为意愿的影响因素

1. 技术接受模型（Technology Acceptance Model，TAM）

技术接受模型由 Davis 在 1989 年提出，该模型指出消费者对某个产品或某项服务的使用行为是由其行为意愿引起的，而意愿又是由消费者对该行为的态度所决定的。

由于社交网络和电子商务也属于技术驱动性环境，越来越多的学者将 TAM 模型用于预测消费者网络购物或信息分享的行为上，如线上购物接受模型（Fenech，O'Cass，2003；Shang et al.，2005）。本研究以 TAM 模型作为基础，将消费者对营销活动的感知有用性（Perceived

Usefulness，PU)、感知易用性（Perceived Ease of Use，PEU）以及态度（Attitude Toward Using，AT）作为本研究的影响因素，并提出以下假设：

H1a：感知有用性对电影消费者搜索意愿有显著正向影响。

H1b：感知有用性对电影消费者购买意愿有显著正向影响。

H1c：感知有用性对电影消费者分享意愿有显著正向影响。

H2a：感知易用性对电影消费者搜索意愿有显著正向影响。

H2b：感知易用性对电影消费者购买意愿有显著正向影响。

H2c：感知易用性对电影消费者分享意愿有显著正向影响。

H3a：态度对电影消费者搜索意愿有显著正向影响。

H3b：态度对电影消费者购买意愿有显著正向影响。

H3c：态度对电影消费者分享意愿有显著正向影响。

2. 分享中的利他需求

在网络的虚拟社区或者兴趣部落中，成员参与动机中就包含了社会联系的需要（郭朝阳、吕秋霞，2009；李仪凡、陆雄文，2007）；而要维持成员群体身份和共同行为，参与者的动机就需要具有利他性的动机（Roberts et al.，2013）。

在社交网络的实际情境下，主动分享信息的行为大多数是没有要求回报的。通过传播具有特定价值的信息来帮助对此类信息或资源有需求的成员，分享者收获的只有帮助他人所获得的心理上的愉悦，这类行为表现出明显的利他主义倾向。基于此，本研究将电影消费者在社交网络中的利他需求也作为影响消费者行为意愿的因素，提出假设：

H4：利他需求对电影消费者分享意愿有显著正向影响。

3. 感知娱乐性

感知娱乐性作为一种内心感受，其反映了个体在使用某种工具或参与某项活动过程中所产生的愉悦、舒畅、有趣等积极情绪；而情绪的好坏直接影响个体的态度，从而对个体行为意向产生影响。Moon（2001）则在运用 TAM 模型研究互联网行为时，将感知娱乐性作为研究变量加入模型中，并强调互动中产生的感知娱乐性。随后 Childers 等（2001）与 Shang 等（2005）在研究消费者网购行为意愿时，也将感知娱乐性作为影响消费者使用态度的影响因素之一。因此，本文将感知娱乐性作为电影消费者对电影社交网络营销的行为意愿的影响因素，提出以下假设：

H5a：感知娱乐性对电影消费者搜索意愿有显著正向影响。

H5b：感知娱乐性对电影消费者购买意愿有显著正向影响。

H5c：感知娱乐性对电影消费者分享意愿有显著正向影响。

4. 互动性

Morgan 和 Hunt（1994）在其"信任—承诺"理论中提出，人际互动和信息互动是一种沟通和价值分享的过程，而沟通和价值分享则是影响信任的重要因素。即消费者与他人或企业进行互动时，他们的关系会随着互动而逐渐加深，消费者能够从互动中感受到善意，进而对对方产生信任感。李金阳（2015）在其微博互动对关系质量和受众行为意愿的影响研究中，指出受众与企业微博互动通过关系质量的"信任"和"社区意识"两个维度对受众行为意愿具有影响。综合以上研究的结论，本研究将互动性作为影响电影消费者行为意愿的影响因素，提出以下假设：

H6a：互动性对电影消费者搜索意愿有显著正向影响。

H6b：互动性对电影消费者购买意愿有显著正向影响。

H6c：互动性对电影消费者分享意愿有显著正向影响。

5. 信任

电影作为文化创意产品的一种，体现出新颖性和信息不对称的特点，消费者不完成对电影的消费之前是无法真正确定该电影质量好坏的，因而电影的社交网络营销活动必须解决信任问题。Gefen 等（2003）在关于有经验和无经验的网络购物消费者行为意愿研究中指出，一方面信任是消费者接受信息和产品的核心；另一方面信任也是吸引消费者的关键因素，信任会在某种程度上影响消费者的决策。Su 等（2007）通过实证研究表明，感知信任会正向影响消费者网络购物意向。基于以上研究回顾，本研究将在研究模型中引入信任变量，提出以下假设：

H7a：信任对电影消费者搜索意愿有显著正向影响。

H7b：信任对电影消费者购买意愿有显著正向影响。

H7c：信任对电影消费者分享意愿有显著正向影响。

基于以上分析，本文研究模型见图1。

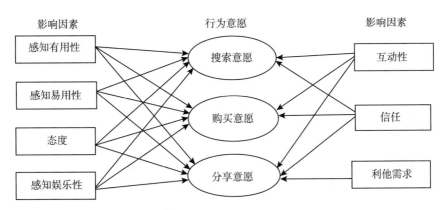

图1 电影社交网络营销对消费者行为意愿影响的研究模型

三、研究方法

（一）样本获取

本研究选取使用社交网络接触过电影营销信息的消费者作为研究对象。为了保证尽可能多的覆盖调查对象，本研究采用网络调查作为问卷的主要发放途径。笔者首先通过问卷调查网站"问卷星"录入问卷，再通过微信好友、朋友圈、QQ 好友和空间、微博、贴吧、论坛等途径发布问卷。运用就近抽样、目标式、滚雪球抽样等方式尽可能扩大调查范围。共回收问卷 310 份，剔除无效问卷 22 份，最终得到有效问卷 288 份。

样本中，男性占 61.8%、女性占 38.2%；年龄 18~35 岁的占到了 89.6%，其中 18~25 岁达到 56.6%；本科以上占 90% 以上，本科生达到 50.35%，硕士研究生达到 34.03%；年均到影院观影 3~10 次的最多 (65%)，3 次以下 (14.58%) 和 20 次以上 (4.86%) 较少。

样本中，最常用的社交网络服务是微信/QQ（100%），微博 (71.18%) 和视频网站 (59.38%)；而常用的获取电影信息或资讯的途径选择中，微信平台（电影微信公众号、热门微信公众号、朋友圈分享等）最多 (71.88%)，微博第二 (58.68%)，而电影专业网站或兴趣小组（豆瓣、时光、知乎、百度贴吧、论坛等）第三 (39.58%)。

(二) 变量测量

本研究共确立 10 个变量，基于前人的研究成果并结合社交网络特征确立了 33 个测量题项（Ajzen 和 Fishbein，1980；Davis，1989；Fenech 和 O'Cass，2003；Childers，2001；Morgan 和 Hunt，1994；Gefen 等，2003；Piliavin，1990）。采取李克特五级量表，被调查者对题目表述的认可程度从 1——"完全不同意" 到 5——"完全同意"。

四、数据分析

(一) 信度分析

样本整体 α 系数为 0.977，信度理想，这得益于采用的都是成熟量表。各研究变量 α 系数基本在 0.841~0.908 范围，信度较高。只有购买意愿的信度较低（$\alpha = 0.712$），而去掉该变量第三题项（其他渠道付费意愿）后α明显增大。这可能是目前电影消费者主要付费观影渠道还是影院观影，很少采用其他付费方式。且该项得分均值偏低（3.14）。为保证后续分析结果不受单项影响产生较大偏差，去掉这一测量项。

（二）效度分析

样本各变量 KMO 值均在 0.5 以上，表明具有较好效度。

（三）相关分析

首先对电影社交网络营销影响因素和消费者行为意愿进行相关性分析，结果显示七个影响因素与三种行为意愿都在 0.01 水平上显著相关，相关系数均在 0.5 以上，为中度相关。

而七个影响因素间呈显著正相关（$P < 0.001$），且相关系数在 0.525~0.715 之间，没有出现超过 0.75 的相关系数，共线性问题不严重，总体来说比较适合进行回归分析。

（四）回归分析

为了探索不同影响因素对不同行为意愿的影响，本文按照搜索意愿—购买意愿—分享意愿的顺序进行回归分析。

1. 搜索意愿的回归分析

模型的调整 R^2 为 0.692，拟合度较好，适合回归分析。对搜索意愿的预测量由大到小分别为感知娱乐性（0.262）、信任（0.252）、态度（0.181）、互动性（0.146）和感知有用性（0.100）。感知易用性影响太小，被排除。回归分析结果见表 1。

表 1　搜索意愿回归分析系数表

模型		非标准化系数		标准系数	t	Sig.
		B	标准误差	Beta		
1	（常量）	0.701	0.163		4.313	0.000
	感知娱乐性	0.813	0.040	0.766	20.150	0.000
2	（常量）	0.352	0.161		2.190	0.029
	感知娱乐性	0.478	0.063	0.450	7.569	0.000
	态度	0.417	0.063	0.393	6.601	0.000
3	（常量）	0.255	0.153		1.659	0.098
	感知娱乐性	0.409	0.061	0.385	6.684	0.000
	态度	0.213	0.070	0.200	3.038	0.003
	信任	0.327	0.058	0.313	5.671	0.000
4	（常量）	0.254	0.158		1.677	0.095
	感知娱乐性	0.353	0.064	0.332	5.547	0.000
	态度	0.181	0.070	0.171	2.586	0.010
	信任	0.262	0.062	0.250	4.260	0.000
	互动性	0.162	0.057	0.163	2.840	0.005
5	（常量）	0.164	0.152		1.080	0.281
	感知娱乐性	0.275	0.061	0.262	4.524	0.000
	态度	0.189	0.060	0.181	3.152	0.002
	信任	0.267	0.068	0.252	3.909	0.000
	互动性	0.145	0.057	0.146	2.565	0.011
	感知有用性	0.107	0.073	0.100	1.463	0.045

2. 购买意愿的回归分析

模型的调整 R^2 为 0.642，拟合度较好，适合回归分析。对购买意愿的预测量由大到小分别为感知娱乐性（0.259）、态度（0.193）、互动性（0.175）、信任（0.150）和感知有用性（0.123）。感知易用性影响太小，被排除。回归分析结果如表 2 所示。

表 2　购买意愿回归分析系数表

模型		非标准化系数		标准系数	t	Sig.
		B	标准误差	Beta		
1	（常量）	0.776	0.158		4.911	0.000
	感知娱乐性	0.743	0.039	0.746	18.937	0.000
2	（常量）	0.437	0.156		2.798	0.005
	感知娱乐性	0.418	0.061	0.420	6.801	0.000
	态度	0.405	0.061	0.406	6.588	0.000
3	（常量）	0.410	0.152		2.696	0.007
	感知娱乐性	0.322	0.064	0.323	5.024	0.000
	态度	0.306	0.064	0.307	4.749	0.000
	互动性	0.223	0.053	0.239	4.170	0.000
4	（常量）	0.374	0.152		2.467	0.014
	感知娱乐性	0.313	0.064	0.314	4.918	0.000
	态度	0.240	0.070	0.241	3.423	0.001
	互动性	0.174	0.057	0.187	3.046	0.003
	信任	0.140	0.062	0.142	2.268	0.024
5	（常量）	0.317	0.154		2.061	0.040
	感知娱乐性	0.258	0.069	0.259	3.739	0.000
	态度	0.192	0.074	0.193	2.609	0.010
	互动性	0.163	0.057	0.175	2.854	0.005
	信任	0.148	0.061	0.150	2.405	0.017
	感知有用性	0.121	0.061	0.123	1.993	0.047

3. 分享意愿的回归分析

模型的调整 R^2 为 0.631，拟合度较好，适合回归分析。对分享意愿的预测量由大到小分别为利他需求（0.333）、互动性（0.304）、态度（0.093）、感知娱乐性（0.058）和信任（0.088），感知有用性和感知易用性影响太小，被排除。回归分析结果如表 3 所示。

表 3 分享意愿回归分析系数表

模型		非标准化系数		标准系数	t	Sig.
		B	标准误差	Beta		
1	（常量）	0.300	0.171		1.752	0.081
	利他需求	0.815	0.042	0.750	19.199	0.000
2	（常量）	0.060	0.162		0.370	0.712
	利他需求	0.492	0.061	0.453	8.104	0.000
	互动性	0.419	0.060	0.389	6.961	0.000
3	（常量）	−0.084	0.172		−0.488	0.626
	利他需求	0.399	0.072	0.367	5.507	0.000
	互动性	0.369	0.063	0.343	5.827	0.000
	态度	0.173	0.074	0.151	2.345	0.020
4	（常量）	−0.114	0.176		−0.646	0.519
	利他需求	0.368	0.081	0.339	4.531	0.000
	互动性	0.359	0.064	0.334	5.577	0.000
	态度	0.151	0.078	0.132	1.930	0.055
	感知娱乐性	0.069	0.083	0.060	0.833	0.405
5	（常量）	−0.138	0.177		−0.783	0.435
	利他需求	0.361	0.081	0.333	4.449	0.000
	互动性	0.326	0.069	0.304	4.755	0.000
	态度	0.107	0.085	0.093	1.262	0.208
	感知娱乐性	0.066	0.083	0.058	0.798	0.425
	信任	0.099	0.072	0.088	1.378	0.169

（五）数据分析小结

根据以上数据分析，对本文研究假设进行验证。结果显示除 H1c、H2a、H2b、H2c 不成立，其他假设通过显著性检验。即感知易用性对消费者行为意愿影响不显著，以及感知有用性对分享意愿影响不显著，其余影响因素均得到验证。

由此修正本文初始模型，修正后模型如图 2 所示。

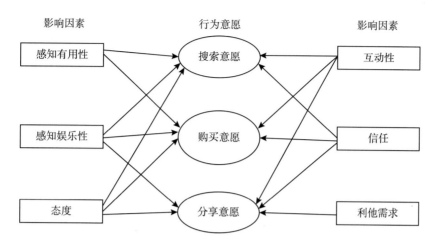

图2　电影社交网络营销对消费者行为意愿影响的研究模型（修正后）

五、研究结论与展望

本研究基于技术接受模型，结合社交网络营销特点和社交网络时代消费者行为习惯与特点，构建了电影社交网络营销对消费者行为意愿的影响模型，包括7个自变量和3个因变量，并提出19条研究假设，通过回归分析方法得到以下结论：

感知有用性对搜索和购买意愿有显著正向影响，而对分享意愿影响不显著。互动性、信任、感知娱乐性和消费者对社交网络及社交网络营销的态度都同时对三种行为意愿有显著正向影响。利他需求则主要对分享意愿影响显著。

另外，本研究提出的感知易用性相关假设没有得到验证。我们认为原因可能在于样本对象集中在"80后""90后"，而他们是互联网的"原住民"，对各种互联网新技术、新应用学习适应快，这削弱了感知易用性的影响。

研究的样本集中在大学生、研究生等学生群体，可能会限制模型的适用性，未来的研究中应尽可能扩大调查范围。同时，不同社交网络具有不同的特性和功能，未来的研究可深入分析和对比不同社交网络下的用户特质。另外，未来的研究可以考虑消费者观影偏好、社交网络使用偏好等因素，进一步深化研究。

参考文献

［1］Ajzen L., Fishbein M.. Understanding Attitudes and Predicting Social Behavior ［M］. Prentice-Hall, Englewood Cliffs, NJ, 1980.

［2］Childers T. L., Carr C. L., Peck J., Carson S.. Hedonic and Utilitarian Motivations for Online Retail Shopping Behavior ［J］. Journal of Retailing, 2001（77）：511-535.

［3］Davis F. D.. Perceived Usefulness, Perceived Ease of Use and User Acceptance of Information Technology ［J］. MIS Quarterly, 1989, 13（3）：319-340.

［4］Fenech T., O'Cass A.. Web Retailing Adoption：Exploring the Nature of Internet Users Web Retailing Behaviour ［J］. Journal of Retailing & Consumer Services, 2003, 10（2）：81-94.

［5］Gefen D., Karahanna E., Straub D. W.. Inexperience and Experience with Online Store：The Importance of TAM and Trust ［J］. IEEE Transactions on Engineering Management, 2003, 50（3）：307-321.

［6］Moon J. W., Kim Y. G.. Extending the TAM for a World-Wide-Web Context ［J］. Information & Management, 2001, 38：217-230.

［7］Morgan M. R., Hunt D. S.. The Commitment–Trust Theory of Relationship Marketing ［J］. Journal of Marketing, 1994, 58：20-38.

［8］Piliavin J. A., Charng H. W.. Altruism：A Review of Recent Theory and Research ［J］. Annual Review of Sociology, 1990, 16（4）：27-65.

［9］Roberts D., Kertbo K., Hughes M.. Exploring Consumers' Motivations to Engage in Innovation through Co–creation Activities ［J］. European Journal of Marketing, 2013, 48（1/2）：147-169.

［10］Su J., Shao P. J., Fang J. M.. A Model for Adoption of Online Shopping: A Perceived Characteristics of Web as a Shopping Channel View ［C］. Proceedings of 2007 International Conference on Service Management, Chengdu: The Institute of Electrical and Electronics Engineers, Inc., 2007: 723-727.

［11］Shang R. A., Chen Y. C., Shen L.. Extrinsic versus Intrinsic Motivations for Consumers to Shop Online ［J］. Information & Management, 2005, 42（3）: 401-413.

［12］董大海, 金玉芳. 消费者行为倾向前因研究 ［J］. 南开管理评论, 2003, 6（6）: 46-51.

［13］郭朝阳, 吕秋霞. 成员参与动机对虚拟社区商业模式的影响 ［J］. 中国工业经济, 2009（1）: 98-107.

［14］洪成一, 朴宰秀, 黄春华. 互联网信息搜索意图对消费者行为的影响分析 ［J］. 国际商务（对外经济贸易大学学报）, 2003（6）: 57-61.

［15］李金阳. 微博互动对关系质量和受众行为意愿的影响研究 ［J］. 图书馆学研究, 2015（10）: 26-33.

［16］李仪凡, 陆雄文. 虚拟社区成员参与动机的实证研究——以网络游戏为例 ［J］. 南开管理评论, 2007, 10（5）: 55-60.

［17］王知津, 韩正彪, 周鹏. 电子商务网站顾客信息搜寻行为形成机制研究 ［J］. 图书与情报, 2011（3）: 12-16.

［18］杨永忠, 林明华. 文化经济学: 理论前沿与中国实践 ［M］. 北京: 经济管理出版社, 2015.

Research on the Influence of Social Network Marketing of Movies on Consumers' Behavior Intention

ZHANG Ying, YANG Yimin, LIU Xiaojing

Abstract: Based on Technology Acceptance Model（TAM）, we proposed and empirically tested our model regarding how does the social network marketing of movies influences consumers' behavior intention. The Model consists of Search Intention, Purchase Intention and Willingness to Share, incorporating seven consumer characters online. The results of the study show that the perceived usefulness positively influences Search Intention and Purchase Intention while it has no significant influence on willingness to share. The perceived entertainment, interaction, trust and attitude towards social network marketing of movies positively influence the above mentioned intentions. Especially, the perceived entertainment highly influences the search intention and the purchase intention; interaction highly influences the willingness to share; and trust highly influences the search intention. Altruism mainly influences the willingness to share. However, the perceived ease of use was not found significant, therefore it was eliminated from the model.

Key words: Movie marketing; Social network; Consumers' behavior intention; Influence factors

创意管理评论 · 第3卷

CREATIVE MANAGEMENT REVIEW, Volume 3

经典译文

Classic Translation

奖 项[*]
Awards

◎ **Nachoem M. Wijnberg**[**]

　　文化产业本身是一个矛盾体：在同一时期，竞争既被否认又被颂扬。一方面，艺术家不愿意承认他们彼此处于开放的竞争环境中，像二手车销售员；另一方面，文化产业较其他产业更多地被描述为"赢者是……"。奖项是文化产业中最突出的竞争符号，是奋斗的目标，也是嘲弄的对象。

　　所有的文化产业都有各自的奖项，这些奖项常常受到大量公众的关注，这对奖项的最初效果提供了一种乘数效应。众所周知的例子是电影界的奥斯卡奖或戛纳电影节，图书界的布克奖[①]（Booker Prize）或龚古

　　[*] 本文 Awards 节选自 Towse R. *A Handbook of Cultural Economics*. Second Edition. Cheltenham：Edward Elgar，2011：63-67，在此向原文作者致以衷心感谢。四川大学创意管理研究所刘双吉翻译整理。

　　[**] Nachoem M. Wijnberg：阿姆斯特丹大学商学院管理学教授，主要从事企业家和文化企业家研究。

　　[①] 英国布克奖，成立于1968年，奖项为当年度最佳英文小说创作而不限英国籍作者，是当代英语小说界最重要的奖项。

尔奖① (Prix Goncourt)，绘画界的威尼斯双年展② (Venice Biennale)，（新闻）摄影界的世界新闻摄影奖③ (the World Press Photo Prize)。事实上，文化奖项的渊源很长，同时，也考虑到了奖项所具有的重大历史意义和经济意义，例如戏剧界的雅典酒神节 (the Athenian Festival of Dionysos) 和绘画界的罗马大奖④ (Prix de Rome)。

文化产业中，有一个事实能对奖项声望进行部分解释。这个事实是：文化产品的显著特性是在消费前甚至消费后建立产品的质量相对来讲是困难的。对大多数消费者而言，大多数文化物品是 Darby 和 Karni 术语中的信任品 (Credence Goods)。这意味着消费者，甚至其他选择者寻求质量的替代衡量标准，在一些情况下，这一标准高于他们自己的判断。奖项被当作质量的衡量标准，这解释了奖项在文化产业中普遍存在的原因。然而，为了更彻底地理解奖项的作用，有必要以文化经济学的观点更进一步分析什么是奖项。

一项奖项至少包括三种类型的经济代理人。第一类是奖项的建立者，进行制度上的安排使奖项能够被授予并提供奖品——金钱或其他好处，例如一座奖杯。第二类通常是评审团或委员会，他们有权利评审获胜者。第三类是奖项获得者。奖项被授予个人或其成果。这三类代理人

---

① 法国龚古尔奖，成立于 1903 年，奖项获得者为新进作家以及在思想和形式上具有新颖和独创性才能的作家。

② 威尼斯双年展 (La Biennale di Venezia) 是一个拥有上百年历史的艺术节，是欧洲最重要的艺术活动之一。

③ 通称"荷赛奖"，成立于 1955 年，分为突发新闻、一般新闻、新闻人物、体育动作、体育专题、当代热点、日常生活、肖像、艺术、自然共 10 类，基本覆盖了新闻摄影的各个方面。每类还分为单幅和组照（最多不超过 12 幅）两项。该比赛是世界上规模最大、最有威望的新闻摄影比赛之一，它的宗旨是"促进信息的自由，不受限制地交流，鼓励高水平的专业新闻摄影"，对全世界新闻摄影事业的发展起到了重大的推动作用。

④ 罗马大奖是指法国巴黎艺术院每年颁发给最优秀的学生去罗马法兰西学院公费学习四年的奖学金，是一种著名的法国国家艺术奖学金，旨在提高法国的艺术水平。1968 年，该奖进行了最后一次评选。此后，法国文化部不定期地举行过一些选拔竞赛，获奖者可以前往罗马法国学院进行为期 18 个月左右的留学。

可以是个人、组织、个人团体或组织团体。

评审团根据同一类别中竞争者或其作品之间的水平对比，作为评价基础授予奖项。

存在潜在奖项获胜者群体，而不仅是单个的潜在获胜者。如果姑姑私下授予她可爱的侄子一个奖项，这不能算作一个奖项。在经济学分析中，至少和奥斯卡进行对比，这是不切合实际的。虽然并不是所有的奖项都被公开地授予，但是秘密授予的奖项并不计算在内。第三类和不成功的潜在获胜者，必须至少有可能了解到奖项授予了谁，以及为什么授予他。最后，奖品并不一定是奖金。奖项并不一定以金钱的形式授予，也许第一或第二类代理人是奖项获胜者的消费者。

通过奖项所包含的必不可少的参与者以及对他们关系的概述，我们了解到，有关奖项的设立、授予或接受，无论出于多么私人的考虑，通过定义，每一个奖项都表现出三个基本作用：①明确了潜在获胜者的类别边界；②明确了类别成员的哪种特性才能被认为是足够有意义的以至于能进入品质评审中；③提供了类别典范和类别成员来展示最重要特性的高水平的优秀集合。

所有奖项的特定影响都来自这三个基本作用。为了进行更详细的分析，区分这些基本作用对三类代理人的经济影响——特别是合理获益——是可行的。第一类代理人，创造条件来授予奖项的个人，从奖项允许代理人公开评审团评判这一事实中获益。至少和作用①相关，有时也和作用②相关。通过这样做——授予奖项，奖项组织者有机会影响其他人看待这一产业或活动的方式。分类体系总是模棱两可的（Bowker和 Leigh Star，1999），即使分类体系中一个小小的干扰都能在产业的发展中产生重大影响。例如，考虑到人们对认知速度的影响，摇滚音乐或说唱音乐（Rap Music）在唱片产业的格莱美或 MTV 奖项中是单独的类别。

第二类代理人，参与选择获胜者，通常为了协助组织者达到上文所描述的获益而得到报酬。他/她也有机会来公开他/她的评审，特别是通过作用③。受邀成为有声望的评审团一员，并挑选证明已经有价值的获胜者增加他/她在评审团成员中的地位。这也带来了额外的经济收益，特别当评审团成员也是该奖项授予领域的专业人士时。

有关奖项的文献中，对第三类代理人（即获胜者）的获奖影响给予了最多的关注。有三种主要类型的影响：第一种，奖项本身可以表达出的重要收益（例如一大笔奖金）、有价值的物体（例如奖杯或牌匾）、某种特权（例如终身会员，甚至参与其他竞争的权利）和非常明确的标志——奖项获胜者或他/她的作品属于授予奖项的哪一类。除了直接收益，还可能是间接收益，例如赢得奥斯卡似乎能带来职业生涯的延长。

第二种，奖项可以作为竞争者的信号来发挥作用，明确表示获奖者属于竞争者的一个特殊小团体，应该特别对待并希望他们表现出众。奖项是进入竞争者特定网络的通行证，是这一网络带来的会员资格，例如，特权获得了信息流（Stuart，1998；Kogut，2000）。第二种类型的收益，自动给获奖者带来第一种类型的额外收益。奖项还能通过加强现有管理体系而对动态竞争产生影响，这一体系决定了哪一类竞争行为是被许可的或是有吸引力的。赢得奖项，可以通过奖项和相关公众信息增加模仿者被迅速揭发的机会，来阻止竞争性模仿（Gemser，Wijnberg，2001）。

第三种，奖项的收益是所获奖项可以起到证书的作用。信号直接传递到价值体系中的其他参与者，例如发布者，理所当然地到达最终消费者，还有其他认证者。与其他产业相比，同时特别也与那些评选体系是由评审专家所控制的产业相比，文化产业动态竞争中，证书提供者的重要性更为明显，因为许多文化产品具有信任品的特性。文化产业以展现从众效应（Bandwagon Effect）著称，具有"赢者通吃"（Winner-takes-all）的现象，此外还增加了获奖者已被证明的重要性。

一个相关的最好研究例证是奥斯卡奖。奥斯卡奖似乎对获奖的导演、演员以及其他参与者的未来收入起到了巨大的作用，这一作用从20世纪以来就在不断增强（Levy，1987；Holden，1993；Nelson et al.，2001）。但奥斯卡对票房作用的结果似乎更不稳定，即使近些年来传闻证据（Anecdotal Evidence）和量化证据都表明是增强的作用。

参考文献

［1］Anand N., and M. R. Watson. Tournament Rituals in the Evolution of Fields：The Case of the Grammy Awards［J］. Academy of Management Journal, 2004（47）：59-80.

［2］Aylen L.. The Greek Theater. Cranbury［M］. NJ：Associated University Presses, 1985.

［3］Biskind P.. Eaxy Riders, Raging Bulls：How the Sex-Drugs-and-Rock 'n' Roll Genctation Saved Hollywood［M］. New York：Simon & Schuster, 1998.

［4］Bowker. G. C., and S. Leigh Star. Sorting Things Out：Classificution and its Conse-quences［M］. Cambridge. MA：MIT Press, 1999.

［5］Darby M. R., and E. Karni. Free Competition and the Optimal Amount of Fraud［J］. Journal of Law and Ecomomics, 1973（16）：67-89.

［6］Dcuchert E. K. Adjamah, and F. Pauly. For Oscar Glory or Oscar Money［J］. Jour-nal of Cultural Economics, 2005（29）：159-76.

［7］Dodds J. C., and M. C. Holbrook. What's an Oscar Worth? An Empirical Eistimation of the Effect of Nominations and Awards on Movie Distribution and Revenues［J］. Current Research in Film：Audiences, Economics and Law, 1988（4）：72-88.

［8］Eliashberg J., and S. M. Shugan. Film Crities Influencers or Predictors? ［J］. Journal of Marketing, 1997（61）：68-78.

［9］Frith S.. Performing Rites［M］. Oxford：Oxford University Press, 1996.

［10］Gemser G., and N. M. Wijnberg. Effects of Reputational Sancions and Inter-Firm

Linkages on Competitive Imitation〔J〕. Organization Studies, 2001, 22（4）: 563-591.

〔11〕 Gemser G. A., Mark A. M. Leenders, and N. M. Wijnberg. Why Some Awards are More Effective Signals of Quality than Others: A Study of Movie Awards〔J〕. Journal of Management, 2008, 34（1）: 25-54.

〔12〕 Holden A.. The Oscars: The Secret History of Hollywood〔J〕. Academy Awards, London: Little, Brown, 1993.

〔13〕 Kogut B.. The Network as Knowledge: Generative Rules and the Emergence of Structure〔J〕. Strategic Management Journal, 2000（21）: 405-425.

〔14〕 Faulkner R. R.. And the Winner Is⋯: The History and Politics of the Oscar Awards. by Emanuel Levy〔J〕. American Journal of Sociology, 1987, 93（3）: 85

〔15〕 Mossetto. G.. Aesthetics and Economics〔M〕. Dordecht: Kluwer Academic, 1993.

〔16〕 Nelson, R. A. Donihue, M. R. Waldman, D. M. Whwaton. What's an Oscar Worth?〔J〕. Economiec Inquiry, 2001, 39（1）: 1-16.

〔17〕 Redelmeicr D. A., and S. M. Singh. Survival in Academy Award-Winning Actors and Actresses〔J〕. Annals of Internal Medicine, 2001, 134（10）: 955-962.

〔18〕 Smith S. P., and V. K. Smith. Successful Movies: A Preliminary Empirical Analysis〔J〕. Applied Economics, 1986（18）: 501-507.

〔19〕 Stuart T. E.. Network Positions and Propensitics to Collaborate: An Investigation of Strategic Alliance Formation in a High-Technology Industry〔J〕. Administrative Science Quartely: 1998（43）: 668-698.

〔20〕 Wijinberg N. M., and G. Gemser. Adding Value to Innovation: Impressionism and the Transformation of the Selection System in Visual Arts〔J〕. Organization Science, 2000, 11（3）: 323-329.

〔21〕 White H. C., and White C. A. Canvases and Carcers: Institutional Change in the French Painting World〔M〕. New York: John Wiley, 1993.

评 论[*]
Criticism

Samuel Cameron^{**}

    评论是艺术和娱乐的一项持久的功能。这并不意味着它一定是很重要的，虽然严格的新古典经济学观点认为任何持续存在的东西都肯定拥有对社会有用的功能，除非它是通过使用主导性群体的力量造成的市场失灵的一种表现。评论是一种服务，产生消费者效用。从事评论活动并从这种活动中获利或者获得声望的人被称为评论家。评论家的劳动力市场没有什么经验证据，似乎也没有统计过评论家的数量和其评论收入。需要区分评论（Criticism）和综述（Reviewing），从字面上来说，综述意味着只是简单地报道出已经被消费的东西；的确，一些经济学期刊要求书籍的综述者不能加入评论。必须区分出，综述是真实客观的，评论则带有价值判断。实际上这很难做到，比如莎士比亚作品的综述者仍然可能评价这是不是一部好作品。这种评论会影响消费需求。这将我们带向了评论家在文化市场的经济学模型中的角色。如果市场接近完全竞

    * 本文 Criticism 节选自 Towse R. *A Handbook of Cultural Economics*. Second Edition. Cheltenham：Edward Elgar，2011：138-142，在此向原文作者致以衷心感谢。四川大学创意管理研究所于爱仙翻译整理。

    ** Samuel Cameron，布拉德福德大学（University of Bradford）文化经济学教授。

争，评论家就没有存在的必要，除非他们的观点是一种效用的来源，从而变成一种附加的文化产品。这在电视真人秀中特别明显，人们喜欢"下流先生"极端的辱骂性的观点，使其变得比别的表演者更受欢迎。

一、评论和口味形成

如果文化生产是循环的，评论就可以通过信息提供和口味形成在决定市场规模方面起到作用。的确，有些市场在刚产生时表现得独立于评论意识，但它们的后续发展会受到评论的影响。最简单的理论方法是假设所有人具有相同的口味，但产品的知识是有限的并且难以获得。由于许多文化产品的独特性，产品知识是文化部门的一个重要问题。委托—代理模型是讨论这个主题的合适工具。专业的评论家是代表委托人去尝试各种表演、肥皂剧、音乐、电影和书籍的代理人。在研究这类工作时，专业化可能带来了规模经济的好处，虽然也有观点认为由创作者附带的评论更好，因为他们更了解创意过程。总体上，创作者来做评论工作是为了推销他们属于的那个前卫潮流，Debussy 就是这样一个例子。很少有评论家会进入他们评论过的行业工作。英国现代作曲家 Michael Nyman 是个例外。

评论所产生的潜在结果经常被评论家用一个"星级"系统来标记，五颗星代表很优秀，一颗星表示很差，等等。但问题在于口味并不一致。不过，如果市场是有效率的，消费者就有能力辨识那些和自己口味相似或不同的评论家，并且是以一种稳定的途径和一种可靠地映射出自己偏好的方法。评论家还可能成为消费者的"声音"，这种角色可以增加消费者福利，因为许多消费者是被忠诚感锁定的。如果创作者改变其风格，忠诚的消费者仍然可能购买。因此，不会有退出的迹象，直到失望感开始影响未来的产品。

历史上，评论是同其他东西一起在报纸和杂志中联合供给的，比如它以零边际生产成本供给给消费者。具有明确的文化立场的杂志可能雇用与其偏好类似的评论家。合作评论的身份，是一种利用声誉作为生产质量信号的例子。声誉给予评论产出以公共物品特征。也就是说，没有读过关于 X 先生或 Y 出版社的综述（Review）的人，也可能被关于其作品好处的一些传闻报道说服。这样的优点是评论得到了交叉补贴，对文化市场也有好处。假定免费的评论对文化产业有益，那些以一种不破坏评论出版社信誉的方式对其进行补贴的文化产业，会得到好处。其主要的障碍是获取这种好处的困难性，其中很多会被对手取得。这个问题（获取好处的困难）会随着某一市场势力的垄断程度增加而减小。相关的例子可以在音乐和印刷产业中发现，少部分零售分销商拥有相当大的市场势力。这造成了覆盖所有音乐形式的杂志，看起来是独立的，却从不包含对其覆盖的艺术家或作品的负面观点。

评论在口味形成中具有潜在的重要性。有人可能会说，评论是美学价值的守护者。美学包含了一些关于在艺术上什么是"好的"或"坏的"的绝对概念。这种观点的存在远比正式的经济学要久远。1777 年，一位作者（被认为是 Nicolas Etienne Framery）写道："音乐，绘画，这些依靠口味的艺术总是被大众无知的错误、盲目的幻想所支配。更糟的是，那些自称业余爱好者，但并不真正喜欢艺术甚至没有发展过艺术素养的人总是妄下判断，他们去参加聚会，缺乏相关知识却传达出各种评判，没有理解却要发表观点，打着哈欠在鼓掌，热衷于毁坏表演者的声誉"（Framery，在 Haskell 中引用，1995，43-44）。

二、评论和质量

这里我们担心会出现一种"庸俗的格雷欣法则"（劣币驱逐良币），

最低普遍标准的口味驱逐了艺术领域中更有价值的产品。这种思考在最近的文献成形，比如 Frank（2008）将电视真人秀看作一种"愚蠢"的竞争，降低了竞争的质量。凭自己的口味定义"质量"显然是有问题的。这又回到了那个观点，即评论是对结果的某种质量判断。某种文化形式的支持者的寻租活动，可能包括评论，可以获取政府补贴来维持市场。这些领域里的寻租可以涉及把观众偏好固定在一种特定模式上的企图。造成这种现象所需要的社会压力是由评论结果发起和维持的。商人和艺术家可能通过对结果的故意限制，从而开发出原创性隐含的关键专利（Singer，1988）。出于新奇的目的（而非其他有意义的目的）的原创性被确认为"无用的原创性"。消费者因此承担着由于评论而买到"柠檬"的风险。如果我们需要一些引导来发展我们的口味和原创性，我们可能发现自己正在欣赏一场像巧克力茶壶（很有原创性但没有什么用处）一样的表演或绘画。

似乎字典式的评估可以避免这种"无用的原创性"问题。即，首先设置一些艺术产品必须包含的内容意义的基准线，然后它的原创性内容才可以被承认为一种可交易的附加价值，与产品的其他功能（如使用的轻松、片刻的喜悦等）相区别。这被原创性的本质所限制。文化作品刚诞生时其中那些被大多数人看作荒唐可笑的方面，在经过破译解读并通俗普及之后，可能会被认为是令人窒息的美丽或深刻。

三、实证研究

关于评论的影响力有着许多传奇，特别是百老汇的评论。负面评论能毁掉作品，正面评论却不能将其吹向成功，因此大多数百老汇评论的故事是不对称的。文化经济学家已经在评论对需求的影响上进行了一些实证研究。Hirshcman 和 Pieros（1985）发现，积极评论对观众到场率可能有负面作用。这可能表明了一种对评论观点的理性利用，正面的评论被看作揭示了精英主义偏好，观众将其映射到自己的偏好中，认为具有负面价值。评论更广泛的使用是在奖项的领域，奖项主要不是为了给内容回馈而是反映了一种评论级别，总冠军通常获益。有些奖项是根据有声誉的评论家（有时他们自己就是表演者或作者等）投票产生的。有些则只由一般大众投票决定（典型的比如电视和流行音乐）。在英国喜剧市场，爱丁堡节的 Perrier 奖似乎对其获胜者的事业影响极大。当然它可能只是（客观地）反映出那些即将成功者的序列，但它的确从口碑和知名度方面提供了助力。现在这个奖项失去了赞助，导致表演群体都担忧它的未来。Boyle 和 Chiou（2009）显示 Tony 奖对于纽约百老汇戏剧有着统计意义上的正面作用。

经济学家的大部分研究工作是在电影的表演方面。关于电影的实证工作反映了从依赖专家评论向利用大众观点或者"市民评论"的偏移。在线商店网站，特别是亚马逊（Amazon），有效地允许所有买者通过发表对书籍、视频和 DVD 的评论成为评论家。这些评论甚至被销售商平均后进行了简要的统计。接触这些信息需要的努力和成本都很小。电视电影预告或者报纸上的艺术评论也是如此，但那些评论论坛对于已有声誉的个体评论家展现出强大的垄断实力。除了品牌直销中心，我们还有"烂番茄"一类的网站，整理着市民评论。术语"口碑"描述非正式的关于文化产品优点的流通观点。这一点大量呈现在博客和推特上，它们已经开始取代信息公告板式的网站。最近的研究放在专业化评论家需求的下行压力上（需求下降）。2001 年，主流的好莱坞电影开始专门利用观众反应，这是在夺取评论家们的声誉功能。

市民观点在某种程度上使文化生产的本质发生了潜在的偏移。网络谣言（比如"谁会在电影中扮演神奇女侠？"）和未来产品的部分流出意味着产品完成前就产生的评论可能影响其最终内容。这种情况在一定程度上是早已存在的，这是由于电影产业会采用一种"测试筛选"的方法，但现在它能够成为一个更加广泛和有力的方面。

参考文献

[1] Basuroy S., Chatterjee S., Ravid S. A.. How Critical Are Critical Reviews? The Box Office Effects of Film Critics, Star Power, and Budgets [J]. Journal of Marketing, 2003, 67 (4): 103-117.

[2] Boor M.. Relationships among Ratings of Motion Pictures by Viewers and Six Professional Movie Critics [J]. Psychological Reports, 1992, 70 (70): 1011-1021.

[3] Boyle M., Chiou L.. Broadway Productions and the Value of a Tony Award [J]. Journal of Cultural Economics, 2009, 33 (1): 49-68.

[4] Cameron S.. On the Role of Critics in the Culture Industry [J]. Journal of Cultural Economics, 1995, 19 (4): 321-331.

[5] Framery N., F.. On the Best Means for Naturalizing a Taste for Food Music in France. Journal de musique, 5. Reprinted in Haskell H. The Attentive Listener: Three Centuries of Music Criticism [M]. Princeton University Press, 1996: 43-45.

[6] Frank J.. Perverse Outcomes of Intense Competition in the Popular Arts and Its Implications for Product Quality [J]. Journal of Cultural Economics, 2008, 32 (3): 215-224.

[7] Hirschman E. C., Jr. A. Pieros. Relationships among Indicators of Success in Broadway Plays and Motion Pictures [J]. Journal of Cultural Economics, 1985, 9 (1): 35-63.

[8] Singer L. P.. Phenomenology and Economics of Art Markets: An Art Historical Perspective [J]. Journal of Cultural Economics, 1988, 12 (1): 27-40.

创意管理评论·第3卷
CREATIVE MANAGEMENT REVIEW, Volume 3

文化企业家

Cultural Entrepreneurs

博物成馆：第一的管理学

◎ 樊建川*

摘要：樊建川，四川宜宾人。曾下乡、当兵、任教、做官。1993年为收藏而辞官经商。从事收藏数十年，其藏品种类繁多，重点为抗战文物和"文革"文物。此两项收藏在国内位居前列，如137件文物被评为国家一级文物。2005，他在中国四川安仁镇创建了建川博物馆聚落，建馆目的——为和平收藏战争，为教训收藏"文革"。其收藏事迹为媒体广泛报道：为了和平，收藏战争（抗战）；为了未来，收藏教训（"文革"）；为了民族，收藏传统（民俗）。出版作品有《抗俘：中国抗日战俘写真》《兵火：从日军影像看中国抗战》《一个人的抗战》《"文革"瓷器图鉴》等。

关键词：建川博物馆；收藏；记忆

每个人都有记忆，记忆有美好的，也有痛苦的。但是，当我们站在生命的门槛回首审视过往的时候，会发现无论是美好的记忆还是痛苦的

---

　* 樊建川，著名收藏家、企业家，建川博物馆创建人。本文来源于樊建川先生2018年1月5日晚在四川大学的创意管理成都论坛全球公益大讲堂中的演讲记录，经王廷智整理校对。

记忆，都是我们生命中珍贵的经历。一个民族也是如此。

中华民族几千年的灿烂文明，为我们今人留下了无数珍贵的记忆和财富。牢记历史，能够经常从过去的成功中总结经验，从失败中汲取教训，这是一个民族具备朝气和底蕴的特征，也是一个民族能够不断发展与延续的保障。如何保护和传承历史，如何更直观、更深刻地为当代人发掘和展现历史，是我们每一代人都面临的重大课题。我非常有幸能够参与到当代的这一课题中。

我叫樊建川，由于时代的际遇和我个人性格的特点，我的履历颇丰，曾下乡、当兵、任教、做官，而后曾成为一个较为成功的商人。而今，我主要是一个收藏家，一个博物馆的创建者和运营者，主要在国内做博物馆和与博物馆相关的产业开发及文创项目，我们的博物馆叫作建川博物馆。

毫不谦虚地说，我们是全国最大的博物馆。不仅是最大的民营博物馆，而且是真正的全国最大的博物馆，建川博物馆现有约1000万件文物，而中国国家博物馆也才100多万件文物。我们的场馆现在主要集中在成都大邑县安仁镇的建川博物馆聚落，正因为我们的努力，大邑现在已经被定位和打造为中国著名的博物馆小镇。当前我们的博物馆聚落占地500亩，建筑面积十余万平方米，拥有国家一级文物404件套。

我希望通过自己的努力，能够为当代的历史课题给出自己的一部分答案，为我们的民族发掘出那些尘封的记忆，并将之留给后人。

一、收藏的开端：伴随时代的脉络成长

我是1957年生人，祖籍山西兴县，出生在四川宜宾，中国共产党党员。我们这代人正是生在新中国、长在红旗下的一代人。新中国成立之初到改革开放的一系列重大事件和重要历史时期，我们都是亲历者和

见证人。正是因为亲历，使得我更加懂得珍惜。

可以说，每一代人都是伴随着时代成长的，而在我看来，我们这代人的成长经历更是具备鲜明的时代特征。

首先，说到收藏，其实是在我很小的时候就开始了。1966年，我们国家"文革"期间，那年我才9岁，因为父亲需要，而他本人由于各种原因不方便自己收集报纸，我就开始给我父亲收集"文革"期间的各类报纸。到"文革"结束的时候，我已经收集了几百斤"文革"报纸。这也成了我收藏习惯和兴趣的开端。

不要小看这几百斤"文革"报纸，这相当于哈佛大学中国"文革"研究史料的全部收藏。而哈佛相关中国史专家曾因为他们收藏有500多斤"文革"老报，而自诩为中国"文革"史的世界权威。而我们馆，到现在为止，拥有100吨重的"文革"材料。除了老报纸之外，其中还包括：300万张"文革"老照片，1万个电影拷贝，10万张老唱片，80多吨手写的检讨和日记，接近300万枚（合计七八吨）的毛主席像章，2万本日记。这些都是珍贵的时代文物和历史研究材料。

长大后，我响应毛主席的号召，下乡做了知青。那时候，因为所在地区条件艰苦，而我本人又因为当时身体比较弱，经常吃不饱饭，甚至曾经饿晕过。到了医院，医生一看，就告诉送我去医院的朋友说，他没病，就是饿的。为了脱离窘境，我就求医生帮忙，医生就给我定为低糖症，每月补贴三两红糖，在当时已经是特殊待遇了。

再后来，我去当了兵。到了部队，人家发现我是近视眼就要遣返我。我当时就对领导说："请你们把我留下，我文笔很好，还会才艺。"当说完我就上去给大家表演唱歌，唱我自己原创的《回锅肉之歌》。因为我在想，和其他人拼身体、拼视力，我肯定不行，那么我就要能人所不能。也正是因为这份坚持，和我所表现出来的这份才艺，我才没有被遣返。后来，在连队训练淘汰筛选中，在西北边疆的艰苦环境里，也正是因为我的坚持，我才最终被留了下来，成为一名解放军战士。

在部队，通过坚持和努力，我考入了军校。毕业后被分配到重庆第三军医大学当思想政治老师，教政治经济学。在校当教员期间，我曾发表学术论文十多篇，并在包括《经济研究》在内的国际、国内顶级期刊发表过 3 篇文章。

或许是因为我骨子里的不安分，或许是因为我"只做第一，不做一流"的人生理念，学校的稳定生活并不能使我平静，就这样我开始了我人生的折腾之路。

因为军校体制限制，我没法晋升，所以我就离开学校，进入政府系统。政府系统的一路奋斗就不多说了，在我离开政府之前，曾做到了宜宾市副市长。

因为我们那个年代，公务员工资非常低，而我又因为父辈的教诲和我自己为官的准则，立志要做一个有作为的清官，所以我很清贫，后来因为觉得公务员工资实在太低，毅然辞职，带着夫人和女儿以及家里全部的 1 万多元存款，到成都创业。

二、博物馆之路：只做第一，不做一流

初到成都，因为没有钱，我和夫人带着女儿租住在成都市东边的一家农户的房子里。折腾是要付出代价的，刚开始的时候，我甚至暂时都没想好自己下一步应该做什么，前途的压力和生活的困窘时刻伴随着我。我甚至曾经因为没有办暂住证，还差点被警察带到派出所。

幸运的是，不久后我就应聘到一家民营企业做办公室内控管理工作。因为我曾经的履历和经验，以及在工作过程中表现出来的能力和对企业所做出的突出贡献，得到了当时的同行业从业人员平均薪酬数十倍的工资收益。这也使得我在短短几年内积累了我人生的第一桶金。

在获得第一桶金之后，我离开了这家企业，开始了自己的创业生涯。感谢在那个我国经济野蛮生长的年代，我抓住了机会，进入房地产行业。一路走来，通过自己的坚持和同志们的努力，我们的房地产企业曾经做到过四川前十强，并曾成为都江堰最大的房地产商，我的资产也曾达到过 20 亿元人民币。而我在这里想要说的是，在"5·12"大地震期间，我们公司所开发的房子一栋都没有垮，一寸都没有裂。因为我们从不优化设计，也就是从不拉抻钢筋等来节约建设成本。

取得商业上的成功并没有让我停下心中的那份不安分。在其他人眼中，我应该知足常乐、享受生活的时候，我却开始了我人生中最重要的一次折腾——做民营博物馆。

大家都知道，博物馆这个行业，在很长时间里都被大家认为是不会挣钱的。我在做出这一决定之初，受到了身边几乎所有亲朋好友及家人的质疑，他们都不认为我能够成功。但是我仍然坚持做了起来，而且我依然坚持"只做第一，不做一流"的人生理念，想要打造中国第一的博物馆。

虽然做民营博物馆是我的人生理想，但我也并不是盲目地去做。我的理念是，不会去做某个领域一流的博物馆，因为一流太容易被模仿，也太容易流于滥觞。我只想做这个领域第一的博物馆，做有门槛的，别人不能轻易去超越的博物馆。只有这样，才可能会有人去看，也才能够保证你的博物馆能够长时间地具有吸引力和竞争力。比如你创办一个蝴蝶博物馆，或者一个长江奇石博物馆这一类，由于门槛太低，是完全经不起竞争的，也吸引不了观众。

因此，我做的博物馆都是一些有门槛的博物馆。比如说我们现在已建成的四大系列展馆，包括抗战系列馆、红色年代馆、民俗系列馆、地震纪念馆，这些都是有门槛的博物馆，不是谁想做就能做得起来的，而且这些场馆本身的历史价值和教育意义，都可以保证它的长期性。当然，有门槛的博物馆也会面临其他一些压力，比如我们曾经关掉贪官博物馆和反右博物馆这两个场馆。因为这两个场馆都牵涉到很多不可简单定性的人和事，所以中纪委和国家维稳办考虑到维稳等因素，责令我们把这两个场馆关掉。虽然后来我们还是有机会可以把这两个场馆再开起来，但是考虑到这两个场馆确实会将一些有争议的问题和人作盖棺定论，或者说伤害扩大化，我们也就没有再开。

另外，为了建设抗战博物馆，为了寻找当年美军援华的飞机，我们曾在中印边境，靠近麦克马洪线处，海拔5000多米的雪山上，雇用当地藏族民众架桥开路，寻找失事的飞机残骸。当时，我花费400多万元人民币，历时5年时间，意外发现了28块美军飞行员的遗骨。这个事引起了中美双方国家领导人的高度重视，在中国外交部和四川省政府的组织和见证下，我亲手将这28块援华美军飞行员的遗骸转交给了美国政府特使。

再后来，我还寻找到了很多其他相关的文物以及飞机残骸。通过我所找到的飞机以及相关的文物和材料，建立了抗战系列馆之飞虎奇兵馆。也正是因为这些事，我后来被美国布莱恩特大学授予了荣誉博士学位，和美国前总统老布什成为同学。当年获得布莱恩特大学名誉博士提名的有两个人，除了我樊建川，另外一个就是美国前总统乔治·布什先生。另外值得一提的是，宋美龄在1942年曾获得该校荣誉博士学位，也算是我的师姐。后来，宋美龄女士当年被该校授予荣誉博士的学籍档案和证书，也被布莱恩特大学赠予樊建川博物馆，现在就保存在我们博物馆里。

奋斗的故事，虽然细节各有不同，但大致的经历都是一样的，都是伴随着困难与艰辛，同时也伴随着快乐和喜悦的。到现在为止，我可以骄傲地说，我把博物馆这个很难赚钱的事情做到赚钱了，而且我们的净利润还很不错。这一点我是很自豪的，因为作为博物馆，尤其是民营博物馆，如果不能够做到自给自足，或者说不能做到盈利，是不可能持久的。既然我们做博物馆是为了传承历史，那就必须做好。值得欣慰的是，目前我们的博物馆经营得很不错。

我们做博物馆的运营主体公司叫作四川安仁建川文化产业开发有限公司，成立于 2003 年，注册资本 5000 万元人民币，现有总资产 6.5 亿元人民币，公司以"忠、礼、勤、信"为企业文化，以建设百年老店为方向，致力于繁荣文化事业和发展文化旅游产业。经过十余年的不断发展，已成为集文化旅游项目投资管理、创意策划、规划设计、场馆建设、展陈施工、展品提供以及管理服务一体化的专业创意文化旅游服务机构。四川省建川博物馆成立于 1999 年，现拥有藏品 1000 余万件，其中国家一级文物 404 件套，是中国民间博物馆的排头兵。

2003 年公司投资建设经营的目前国内民间资本投入最多、建设规模和展览面积最大、收藏内容最丰富的民间博物馆——建川博物馆聚落，开创了文博事业民企投资的新模式和文化产业的新领域，成为全国文化产业的一面旗帜。建川博物馆聚落占地 500 亩，建筑面积十余万平方米，已开放抗战、民俗、红色年代、抗震救灾、红军长征等主题的 28 座场馆，获得了全国爱国主义教育基地、国家 4A 级旅游景区、全国文化产业示范基地、全国光彩事业重点项目、全国先进社会组织、亚洲十大民间杰出博物馆、艾里缇斯奖——中国最佳文博旅游博物馆、2015 年全国最具创新力博物馆、四川省民营文化企业十强等荣誉称号。自 2005 年 8 月 15 日开放以来，累计接待观众 1100 余万人次，成为传播先进文化、弘扬抗战精神、抗震救灾精神、红军长征精神、传承民族文化的重要场所和一张亮丽的文化名片。

可以说，目前我们在国内的民营博物挂的收藏与运营方面，都初步实现了我们只做第一的设想。而对于博物馆的未来，我们仍在路上。

三、人生与永恒：建设可传承千年的博物馆

《庄子》曾经感慨："吾生也有涯"。我也曾经常思考，如何将我们有限的生命，活出永恒的意义。而如今我已到耳顺之年，终于明白，将我的博物馆经营成为能够传承千年的博物馆，将我所专注的历史开发和传承下去，我也将不虚此生。

到目前为止，我们除了在四川安仁建川博物馆聚落打造的四个系列藏馆之外，我们还在其他地区建成或者正在规划一系列藏馆，我们一直坚持"只做第一，不做一流"的理念，走在打造可以传承千年的博物馆的路上。

建川博物馆聚落主要的藏馆有四个系列，包括：

（1）"为了和平，收藏战争"之抗战系列馆。其中有，中流砥柱馆、正面战场馆、飞虎奇兵馆、不屈战俘馆、川军抗战馆、日本侵华罪行馆、抗战老兵手印广场、中国壮士群雕广场、援华义士广场九个场馆。

（2）"为了未来，收藏教训"之红色年代系列。其中有红色年代瓷器陈列馆，红色年代生活用品馆，红色年代章、钟、印纪念馆，红色年代镜面馆，知青生活馆，航空三线馆，邓公词，红军长征在四川纪念馆八个场馆。

（3）"为了传承，收藏民俗"之民俗馆。其中有三寸金莲馆、国防兵器馆、老公馆家具馆、长江漂流纪念馆、中医院馆、建川耍法、书法展厅、刘文辉旧居陈列馆八个场馆。

（4）"为了安宁，收藏灾难"之地震系列。其中包括"5·12"抗震救灾纪念馆、震撼日记"5·12～6·12"馆、地震美术作品馆、胡慧珊纪念馆四个场馆。

另外，我们还在积极对外合作，在全国拓展场馆，其中已经建成的包括：李庄古镇、川陕革命根据地红军烈士纪念馆、乡城红军纪念馆、磨西红军纪念馆，山东台儿庄大战遗址博物馆。

正在建设，或者筹备策划中的包括：云南松山大战遗址纪念园、陕西扶眉战役纪念园、中国梓潼两弹城、汉旺401创意工厂、青岛山"一战"遗址纪念园、四行仓库抗战纪念地陈列馆，拟建宜宾横江古镇。

当然最要说一下的还是正在筹备的重庆建川博物馆聚落，这个聚落包括"一园、一街、八馆"。其包括：国防兵器文化主题园、抗战兵工街、兵器历史陈列馆、兵工署第一工厂旧址（汉阳兵工厂）博物馆、抗战文化陈列馆、重庆故事馆、民间祈福馆、中医药文化博物馆、中国囍文化馆、票证生活馆等。

为什么要重点强调重庆建川博物馆聚落呢，因为通过这次与重庆市政府的合作开发，我们博物馆正式形成了轻资产运行的博物馆运营模式，这在国际国内都可以说是具有创新性和引领性的。

重庆建川博物馆聚落，我们博物馆在合作之初只需提供价值15亿元人民币的文物，另出1亿元人民币的启动资金。而重庆市政府，将规划区域的当前市价约3000万元一亩，合计总价值约15亿元人民币的土地，无偿提供给我们作为博物馆开发用地。重庆市政府还负责完成相关基础设施配套施工及商业街建设。而最终的运营，在50年的项目运营周期内，重庆市政府前3年不参与分配，后47年只分门票和相关文创等运营收益的两成。而按照我们当前的市场调研和预判，场馆在正式运营后，一年的门票收入将可达到4000万~5000万元人民币，也就是说，我们会在两年左右的时间收回投资成本。

这一项目的合作成功，也标志着我们建川博物馆轻资产的博物馆运营开发模式的成功，将为我们在全国各地拓展、发掘和建成更多优质的博物馆提供了可能。

　　大家可能觉得这次投资我占了大便宜，其实做博物馆我还不止一次占过大便宜。比如在 1997 年的时候，国家相关部门曾经处理过一批金丝楠木的老家具，这批老家具合计共 100 件，曾经是毛泽东、邓小平等十多位国家领导人使用过的。因为当时觉得这批家具样式有些过时，相关部门把它们寄放在成都锦江宾馆出售，结果放了一年也无人问津。因为我那时候就开始喜欢做收藏，所以有关部门的负责同志就联系我希望我能购买，我在"不太情愿"的状态下花了 70 万元把这批老家具买下来。

　　但是，仅仅过了 5 年时间，有一家企业就想从我这里购买这 100 件老家具中的其中一张办公桌。这张办公桌是毛主席曾经用过的，他们认为这很有历史价值，就想花 3000 万元从我手里购买。虽然当时很心动，但是我最后还是没有卖。原因是我的团队中有人提醒我，当时我如果为了 3000 万元把这张桌子卖了，再给我 3000 万元，我是不可能再买得到这张办公桌的，历史是无价的。所以，最终我放弃了出售这批珍贵历史文物的念头。

　　当然，现在不仅是这些家具，我所有的收藏都已经被我捐献给了国家。我已经立好了遗嘱，在我死后，我所有的收藏都将归成都市所有，而且已经将我的遗嘱做了公证。同时，为了推进国内的相关博物馆建设，我已经无偿地捐献出了 2000 多件文物，比如为了支持宜宾李庄博物馆的建设，我就无偿地捐献了 1700 多件文物。因为只有国家才有可能保证这些文物，保证建川博物馆流传千载。

　　我曾在都江堰看着这已经流传了长达两千多年的历史遗迹畅想，如果我们的博物馆也能够做到这样常存于世，才不枉费我们的这份努力和坚持，才不辜负我这一生。

　　正如我曾经说过的："一个人咽气了不是死，烧了或埋了还不是死。没人上坟了，没人提起了，没人念叨了，没人魂牵梦绕了，那才是死!"

我希望我自己，我的建川博物馆，能成为传承千年的博物馆。

我希望能够通过自己的努力和坚持，尽可能多地、尽可能直观地将历史发掘和呈现给世人。

我希望，能够为民族留下记忆。

Museum：First Management

FAN Jianchuan

Abstract：Fan Jianchuan, was born in Yibin, Sichuan province. He used to be a soldie, a teacher, and a government official. In 1993 he resigned as a collector. After decades of collection, the collection has a wide range of items, focusing on cultural relics and cultural relics of the cultural revolution. The two collections are among the highest in China, with 137 cultural relics being rated as national first-class cultural relics. In 2005, he founded the Jianchuan museum in anren town, Sichuan Province, China, to build a museum for the purpose of collecting the war for peace and collecting the "cultural revolution". His collection of stories is widely reported in the media: for peace, collection of war (Anti - Japanese War); For the future, collect lessons ("cultural revolution"); For the people, collect tradition (folk custom). The book is published in the book, "fight against capture: Chinese Anti-Japanese War of war", "war of fire", "a man's war of resistance", "The map of china in cultural revolution".

Key words：Jianchuan Museum；Collection；Memory

创意管理评论 · 第3卷

CREATIVE MANAGEMENT REVIEW, Volume 3

创意巴蜀

Creative Basu

CREATIVE MANAGEMENT REVIEW

《新华严三圣》创作记
Writing Notes of *Xin Huayan Sansheng*

◎ 刘忠俊*

LIU Zhongjun

大约是在 2015 年 5 月，朋友约稿一幅佛教题材的绘画，他希望这幅画能用"汉藏圆融"的创新方式来表现"华严三圣"，这是尝试把现代工笔画和唐卡审美融合起来，创造出新的绘画风格。这个"命题作文"是一个巨大挑战，不仅因为佛教绘画历史悠久、佳作浩如烟海，还涉及对深奥的佛教思想理论做出正确理解和表现。作为末法时代的画者，想深谙佛法谈何容易，想要推陈出新更是难上加难！唯有尽自己最大的努力一试而已。

创作首要就得明白什么是"华严三圣"及其宗教义理，这是解决"画什么"的困惑。在此基础上寻找创作灵感，找到"怎么画"的方法，方能完成创作。于是从那时开始，我便慢慢查阅资料，研究"三圣"理论。

---

　* 刘忠俊，1976 年生，四川泸定人。现任职于四川省美术家协会四川美术馆，国家二级美术师、中国美术家协会会员、四川省美协理事、四川省直青联委员，作品《川藏公路》荣获全国金奖。

一、"华严三圣"的义理与传统图像

（一）宗教义理

《华严经》① 是大乘佛教的重要经典，该经宣说整个世界是毗卢遮那佛②的显现，一微尘映世界，一瞬间含永远；详细论述了菩萨"十信""十住""十行""十地"等从树立信仰至解脱成佛诸个阶段的修行过程；并由修行实践证得无量功德和清净法界的思想。

作为华藏世界的教主和本体，毗卢遮那佛与其助手文殊菩萨、普贤菩萨组成了这世界的最高主宰，称为"华严三圣"。毗卢遮那佛意为"光明遍照"，他代表着理智完备的"绝对真理"，既有法身佛诸种特性，又具人格化。毗卢遮那佛意译为"大日如来"，为了论述方便，后文皆称之为"大日如来"。

普贤全称为"大行普贤菩萨"，在佛教世界中，普贤菩萨代表法身佛的"理德、行德、定德、所信"。文殊菩萨全称为"文殊师利菩萨"，"文殊师利"意为"妙德"，以其明见佛性，具足"法身、般若、解脱"三德，不可思议，故称"妙德"。他代表法身佛的"智德、证德、慧德、能信"③。《华严经》认为"佛果不可说"，故常以二菩萨表体用、因果关系。文殊为法界体，代表着法身妙慧；普贤为法界用，代表其"万行威德故"；以文殊的智慧加上普贤的"行"来证入法界，达到"理智完备、绝对真理"的状态，这也就是大日如来的状态。

---

① 《华严经》全称《大方广佛华严经》。
② 毗卢遮那佛，莲花藏世界的法身佛，意译为"大日如来"。
③ 该段文字由作者根据网络 360 网站等相关资料编辑。

（二）传统图像

华严三圣造像最晚于中唐时期就已出现。四川、江苏、云南、山西都有大量华严三圣造像保存。传统华严三圣图像大抵是这样的：大日如来理智完备，居中；文殊菩萨主智门，立于如来之左；普贤菩萨主理门，位于如来之右①（见图1）。从形式来看，"三圣"像的主尊既有如来形，也有菩萨形；二菩萨大多有坐骑，晚期多手持如意与梵箧。三圣像不仅出现在显教造像中，也出现在密教与华严思想有关的造像中。②

图1　《华严三圣》［丁观鹏（清）］

---

① 转之则右为智、左为理时，显示理智之涉入胎藏界曼陀罗。
② 该段文字由作者根据网络相关资料编辑。

二、"新华严三圣"的造像构思

（一）画面核心

既然是用创新的方法来表现三圣题材，就应该找到其核心意义，决定要"画什么"。通过对"华严三圣"的义理与传统图像的分析，我认为"三圣"核心就是"理智完备、绝对真理"的法身佛状态。是的，这幅画要表现的就是这个状态。

用绘画来表现一个抽象概念本来就很难，更何况这个概念是"法身佛"、是"绝对真理"，这该如何表达？画具像有形象可循，可这抽象的概念，理解尚且困难，要表现恰当更是难上加难。

真理，是最纯真、最符合实际的道理，它指客观事物及其规律在人们意识中的正确反映，永恒不变唯真理①。以我们目前所理解的世界，能够看作"永恒不变"存在的，应该就是太阳了。正是因为有太阳无始无终的东升西落，有太阳散发出的无限光和热，才有娑婆世界的一切存在。在我们可以感知、可以预见的宇宙里，太阳应该是唯一可以看作真理的事物。想到这里，我不禁赞叹佛教用"大日如来"这个词来指代佛的法身，竟是如此贴切相通。

（二）造型分析

既然是画，抽象的概念也得用具象的"线形色"等来体现。我觉得用古代犍陀罗艺术②的佛造像做创作大日如来的参考会比较"对味"。

---

① 真理也可分为"相对真理"和"绝对真理"。"相对真理"是在特定条件下成立的、有局限性的道理；"绝对真理"是不受任何限制的广义道理。文字由作者根据网络相关资料编辑。

② 公元1~2世纪，受"希腊化"影响，犍陀罗地区的艺术家在希腊式雕塑风格的基础上，熔印度、波斯、罗马、中亚草原各地风格于一炉，形成独特的犍陀罗艺术，并出现了佛教早期造像。文字由作者根据网络相关资料编辑。

原因有三：其一，在犍陀罗艺术之前的早期佛教不祀神灵、不立偶像，凡遇需刻佛像之处，皆以脚印、宝座、菩提树、佛塔等象征，故在色身佛释迦牟尼的时代，并没有佛造像。即便有零星的、不成体系的佛造像，也是以古印度民间鬼神为基础，并不能体现纯粹"法身佛"的境界。其二，古代犍陀罗艺术的佛造像是离释迦牟尼佛时代最近的、成熟的、成体系的佛造像。他们之间的思维、理解、气场、神韵是容易联通的。其三，古代犍陀罗艺术家在塑造佛像时借鉴了希腊太阳神阿波罗的造型特征，比如脸形、五官、衣衫，在此基础上增添了佛教精神。而《大日经》中也把法身佛比喻为主宰宇宙的太阳，他不受时空限制，给众生带来恩惠。从这看来，不管是大日如来还是阿波罗，二者在德行上是一致的，都是在指代"太阳"这一堪称"绝对真理"的存在。综上所述，我便选择了一尊古代犍陀罗佛像作为创作大日如来造型的参考范本，该像跏趺而坐，双手结禅定印，腰背挺直，双眼目视前方，嘴角含笑。我对面部进行了调整，使之"眼观鼻、鼻观心、心观空"，如来似乎具有了无穷无尽的平静与智慧。

文殊菩萨常乘坐青色狮子，表示智慧威猛，常以无畏的狮子吼震醒沉迷的众生。而普贤菩萨的坐骑为六牙白象，代表愿行殷深，辛勤不倦；象之六牙，表示六波罗蜜"布施、持戒、忍辱、精进、禅定、慧智"。文殊菩萨骑狮、普贤菩萨乘象，表示理智相即，行证相应。

在各个时期、不同教派中，两位菩萨的法器有所出入。文殊菩萨一般右手握"智慧剑"象征以智慧剑斩烦恼结，左手持莲花上陈《般若经》，作为智慧与慈悲的象征，比如唐卡绘画中妙龄文殊；但在法海寺壁画里，文殊手持的法器却是如意，可能是隐喻"佛法智慧可以如意回弯"之意。

普贤菩萨也常持如意，象征智慧成就，比如峨眉山金顶的普贤菩萨塑像；但在法海寺壁画里，普贤菩萨的法器又是青莲和《法华经》；而在唐卡画里，普贤菩萨所持法器为莲花和日轮。各有各的说法，想要厘清这些矛盾，困扰我和订画的朋友很久，经过反复思考和交流，我们想：其一，法器要贴合"三圣"义理；其二，"华严三圣"主要在汉地盛行，就以汉地传统为主；其三，兼顾唐卡文化。于是反复思考，就把文殊的法器调整为"长枝莲花+智慧剑"，普贤的法器是"长枝莲花+《法华经》+日轮"。这是个折中的办法，兼顾了各方的审美习惯和文化内涵。

（三）创新尝试

人物形象的"创新"尝试：开始我将普贤菩萨构思为端坐在六牙白象上沧桑老者，他仙风道骨，一边虔诚念诵放在膝盖上的《法华经》，一边竖起食指，仿佛正在用"大行"（腿上搁置藤杖的隐喻）来证悟经中的精妙。可能是这个构思太突破常规了，考虑到信众的接受程度，后来还是把普贤改画成传统菩萨像了（见图2）。

以亚洲象的特征来塑造六牙白象，是因为佛本来就生活在南亚，再者亚洲象头上两个高高的头骨隆起，显得很是庄严。并在象牙、骨骼、肌肉和皮肤肌理上进行了认真刻画，避免传统画法"空、软、薄"的弊病。

文殊菩萨以现藏于美国纳尔逊·阿特金斯艺术博物馆的"南海观音"[①]为范本，保持其"跷脚戏坐"[②]的姿态，而在面容、腰腹、手臂、小腿、法器、璎珞、颜色等细节处做了修改和调整，重视眼神体现出聪慧、思辨的神韵。由于传统绘画中的狮子大多画得缺乏力度，象狮子狗。所以我以真实的非洲狮子为造型基础，重视刻画肌肉、骨骼的力量感，在整体处理时（特别是表现鬃毛和尾巴）又融合了传统画法的平面性、装饰性，使画面语言统一起来（见图3）。

---

① 辽金时代的彩绘木雕。
② 这种坐姿由半跏趺坐而来，也被称为"自在坐""游戏坐"。

图2 《新华严三圣》之大行普贤菩萨

图3 《新华严三圣》之文殊师利菩萨

三、构图和色彩

如图 4 所示，画面采用 S 形构图，从文殊脚下的莲花—牟尼珍宝—地面小坡—普贤背光—流云—如来手臂—左边流云、树叶—右边树冠—飞天—芭蕉叶，直到如来头边的卷云，形成了一条完美的 S 暗线，物象的转折和律动都集中在这根暗线上。身后伞骨状树枝更加强了这构图上的"律动"。

画面是黄灰色调的，显得清净、朴素、沉稳。这和大日如来的法性相得益彰。端坐莲台之上的法身佛面容清秀、安详庄严、禅定清净，仿佛思想拥有了自由的翅膀，色身就陷入深刻自省……禅定手印上的那团"空"或"白光"巧妙印证"谓佛之烦恼体净，众德悉备，身土相称，遍一切处"及至"理智完备、绝对真理"的法性。

大日如来散发出温和圣洁的白光，由内而外映透身体，也逐渐辉映出山水树石以及普贤、文殊二位菩萨。大日如来的左下（画面右边①）是身着天衣、遍饰珍宝璎珞的普贤菩萨，他一手支榻、一手持莲，策象而出，他法相庄严、目视前方、神情坚毅果敢，说明他行深佛法时历尽艰难而不悔；座下圣象珠宝严身、鼻卷瑞果，负载菩萨坚定笃行。画面的左下边是骑狮漫步的文殊菩萨，只见他充满青春气息、发冠高挺、垂发搭肩，左手支撑于狮鬃之中，莲花慧剑绕指而出，明亮的眼神里充满了般若智慧。狮子身形厚实、筋骨雄健有力，眼里金光四溢、喉咙里呜咽着，似乎雄壮的狮子吼随时喷涌而出（见图 5）。

---

① 为了构图的需要，我把原本左边的文殊菩萨和右边的普贤菩萨对换了一下，而非涉入胎藏界曼陀罗。

图4 《新华严三圣》

图 5　《新华严三圣》之文殊狮子

观众观看此画时，首先会被光芒中的大日如来所吸引，顺着如来"眼观鼻、鼻观心"往下传递到禅定手印，又通过普贤菩萨的目光传递到文殊菩萨，这时文殊菩萨的眼神和观众有了交织，三种不同的眼神，也说明华严三圣"理智完备"的互补状态。

背景植物、云彩和山水，注意了疏密、节奏和韵律。曼陀罗花和芭蕉林巧妙地消解了构图冲突。在枝叶的色彩处理上，先用赭石分染，再用透明绿色在黄灰色的唐卡布上多次笼罩，色层显得丰富透明而润泽。把高纯度和低纯度的金相搭配，以极细的线在幽暗晦明的背景中潜伏、闪耀，使画面上的每一片叶、每一枝花都仿佛寄托着精神世界。

四、创作感悟

《新华严三圣》只是一幅小画，却可以由此探索"新佛教绘画"的创作。既然不想重复古人，既然想有所创新，就要付出艰辛的代价。从查阅资料到提炼升华、从构思到构图、从线描到色彩，一次次苦苦寻找，又一次次推倒重来，过程是漫长枯燥的磨人。偶尔灵光闪现，便是小小的幸福。

"做一件事就得认真对待，尽自己最大的力量去克服困难，争取把每一幅创作都画出自己当下所能达到的最好水平。"抱着这一信念，我坚持把这幅《新华严三圣》画完了。从 2016 年 2 月 6 日确定作品尺寸到 2018 年 1 月 23 日创作完成，接近两年。

现在看来，这幅画还是有不足之处，但总算走出了第一步，便是为下一次创新创意提供了基础。

我觉得"新佛教美术"的前景非常广阔！

随 笔

Essay

论苏轼是了不起的创意大师
Su Shi is a Great Creative Master

◎ 金　瑾　李殿元 *

JIN Jin　LI Dianyuan

何为"创意"？它是创造意识或创新意识的简称，指的是在对现实存在事物的理解以及认知的基础上衍生出的一种新的抽象思维和行为潜能。汉代王充在《论衡》中说："孔子得史记以作《春秋》，及其立义创意，褒贬赏诛，不复因史记者，眇思自出于胸中也。"即是说，孔子拿鲁国编年史来写《春秋》，使每个句子几乎都暗含褒贬之意，这种被后人称为"春秋笔法""微言大义"的创新立义，通过赞赏和贬责，将孔子对历史的观点完全展示，这当然不再是鲁国的编年史，而是发挥史学的作用，以史的审判代替了神的审判。由此可知，创意的方法就是将旧元素重新排列组合，形成新元素。创意是传统的叛逆，是打破常规的哲学，是破旧立新的创造与毁灭的循环，是思维碰撞，智慧对接，是具有新颖性和创造性的想法，不同于寻常的解决方法。创意起源于人类的创造力、技能和才华，来源于社会又指导着社会发展。人类是在创意、创新中诞生的，也要在创意、创新中发展。

＊ 金瑾，成都农业科技职业学院讲师，硕士，研究方向：教育管理、思想政治教育；李殿元，巴蜀文化研究专家，四川省文史研究馆编审。

北宋时的眉州眉山（今四川省眉山市）人苏轼，世称苏东坡，不仅是当时的文坛领袖，在诗、词、散文、书、画等方面均有很高的成就；更重要的是，他还是一位了不起的创意大师，在诸多领域都留下了因为他的创意而至今还让人们享受其生活乐趣的作品。

一、变废为宝的杭州西湖"苏堤"

杭州西湖有"苏堤"，顾名思义，一定与姓苏的人有关；这个姓苏的人就是苏轼。

《宋史·苏轼传》记载：

杭（州）本近海，地泉咸苦，……（苏）轼见茅山一河专受江潮，盐桥一河专受湖水，遂浚二河以通漕。复造堰闸，以为湖水畜泄之限，江潮不复入市。以余力复完六井，又取葑田积湖中，南北径三十里，为长堤以通行者。吴人种菱，春辄芟除，不遣寸草。且募人种菱湖中，葑不复生。收其利以备修湖，取救荒余钱万缗、粮万石，及请得百僧度牒以募役者。堤成，植芙蓉、杨柳其上，望之如画图，杭人名为"苏公堤"。

元祐四年（1089），苏轼任龙图阁学士、知杭州。他到杭州后，发现杭州最严重的问题是水利。当时的杭州，除了西湖以外没有其他淡水源，而西湖的湖面已经有三分之一被水草塞满了，当地人叫它为"葑"。当地老百姓对东坡说，再过二三十年，这种葑草会把整个湖面淹塞掉，作为淡水源的西湖也就不存在了。东坡就下决心要兴修水利，整治西湖，整治的主要措施就是把水草连根铲除，把淤泥都给挖出来。

可是，挖出的水草淤泥会有 25 万立方丈之多，这么一大堆东西堆到哪里去呢？苏轼想来想去，有了一个创意——决定变废为宝，用这些水草淤泥在湖中修一条堤岸。当时的西湖已经有一条唐代留下的

"白堤"，是东西方向；但是南北方向没有堤，且南北径有十几里路，绕湖一周比较难行，所以苏轼用水草淤泥在湖中修了一条南北方向的堤岸。为了保证湖水流动，这条长堤上又修了六座桥，使内湖与外湖连接起来。堤的两旁，遍植杨柳芙蓉，湖中种满荷花菱角，不仅美化了风景，更方便了行旅和耕作。长堤修成后，老百姓非常高兴，给它起名为"苏公堤"，后来简称为"苏堤"。

西湖湖中遍种荷花菱角，也是苏轼治理西湖的一个创意。原来，苏堤修好后，水草也除掉了，水质清澈，但苏轼担心水草来年又长起来怎么办？他向老百姓寻求解决办法，得知浙江的老百姓都喜欢种菱角，在菱角下种时，必须将水中的杂草全部除掉，否则菱角会与杂草同时长起来，就收不到菱角了。苏轼就立下规矩，将西湖沿岸的水面以很低的租金租给当地贫苦农民种菱角。农民种菱角有了收入，水草也长不起来了。

苏轼又考虑到，如果农民种菱角觉得收成好，就扩展种植，必然影响水面与水质量。他又规定，种菱角的湖面只能在湖边上那一块。为了确定这个界限，他就用石头建了宝塔竖在那里，使之成为一个界标，靠岸可以种，里面不能种。小宝塔现在还留下三座，这就是西湖最美的景点之一——三潭印月。

为保证西湖的一池碧水，必须蓄泄方便，苏轼又在杭州开挖运河，使其与钱塘江相通，让江水通到西湖；为防止钱塘江的潮水倒灌，苏轼在运河上安装了闸门，涨潮时闸门关上，退潮后闸门打开。

从南宋开始，苏轼主持修建的这条堤岸，已经成为西湖十景之首——苏堤春晓。

在苏轼本人的诗作中，《轼在颍州》就有关于修筑西湖堤岸的清楚记载："我来钱塘拓湖绿，大堤士女争昌丰。六桥横绝天汉上，北山始与南屏通。"

苏轼一生筑过三条西湖长堤。除杭州西湖"苏堤"外，他被贬颍州时，疏浚颍州西湖并筑堤；被贬为远宁军节度副使时，又把皇帝所赐黄金捐出疏浚惠州西湖并修堤。

二、第一所"公私合营"的民间医院

苏东坡创设中国古代第一所"公私合营"医院"安乐坊"之事，在其自述《与某宣德书》、苏辙《亡兄子瞻端明墓志铭》、周辉《清波杂志》以及李焘《续资治通鉴长编》等史料中，均有记载。周辉的《清波杂志》说：

> 苏文忠公知杭州，以私帑金五十两助官缗，于城中置病坊一所，名"安乐"，以僧主之，三年医愈千人，与紫衣。后两浙漕臣申请乞自今管干病坊僧三年，满所医之数，赐紫衣及祠部牒一道。从之，仍（乃）改为"安济坊"。

苏轼与杭州有不解之缘，他在宋神宗熙宁四年（1071）和宋哲宗元祐四年（1089）先后两次来杭，分任杭州通判（相当于知州副职）和知州。建"安乐坊"是在苏轼作为杭州知州的元祐四年至六年（1089~1091），他为什么要建"安乐坊"呢？

苏轼出任杭州知州时，正遇杭州瘟疫流行。身为知州的苏轼，自知必须安抚病民，及时解决医疗，而当时的杭州，尽管已有 37 万多人，却连一家医院也没有。苏轼不得不去请外地名医为百姓治病，然后将名医的诊断标准及方药，抄贴满城，以供老百姓自行找药，治愈疾病。

杭州贫病之人实在太多，靠外地名医为百姓治病当然不是办法。苏轼于是筹集公款白银 2000 两，又将自己的 50 两黄金捐出，在杭州城中心的众安桥头，建造了一所明显带有民助性质的"公私合营"医院，取名为"安乐坊"。他聘请了多位名医，采购了数百味中草药，并经常举行义诊送药活动。在苏轼任职期间，共医治了几千位病人。"安乐坊"里的医生都是当时远近闻名的儒医，其俸禄薪金，都是官府支付，因此，这所医院成为当时全国最大的医疗机构，也是中国古代的第一所"公私合营"医院。

离任杭州后，《与某宣德书》记载，一位挚友给苏轼送来黄金5两、白银150两作为礼物。盛情难却，勤政廉洁的苏轼就将这笔礼金转赠安乐坊。而此时的安乐坊，每年以千斛租米作为基金，运转正常，故而苏轼用礼金购买田地，获利后再添助安乐坊。

据传，"安乐坊"有一种治瘟疫的特效常用药"圣散子"，这是苏轼得乡人巢君谷所授和僧医共同研制而临床使用的。因为苏轼对医药也很有兴趣，自任黄州团练副使时，就寻师访友专研医道、讲究药理。《东坡文集》中收录有《圣散子方叙》和《圣散子方后叙》两篇文章，说明"圣散子"的配方及妙用，其中说："此药功效为退烧、止汗；开胃、滋补。若时疫流行，平旦于大釜中煮之，不问老少良贱，各服一大盏，即时气不入其门，平居无疾；能空腹一服，则饮食倍常，百疾不生，真济世之具，卫家之室也。"

值得一提的是，安乐坊及其运作模式引起朝廷的极大关注。宋徽宗崇宁元年（1102），朝廷开始在各地设置安济坊，专为穷人治病。不仅，"安乐坊"也被朝廷改赐名"安济坊"，遂为官办。《咸淳临安志》载："崇宁三年（1104），降指挥置'居养院'、'安济坊'，以示朝廷惠养元元之意。至绍兴十三年（1143），奉圣旨令户部措置下，临安府将城内外老疾贫乏不能自存及乞丐之人依养济，遇有疾病给药医，治每岁自十一月一日起，支常平钱米至来年二月终。二十五年（1155）次后又降指挥，更展半月。帷临安府奉行最为详备，赖以全活者甚众。"

苏轼创建的民间医坊"安乐坊"和崇宁三年官办医坊"安济坊"相隔15年，这就是由民间建办的慈善义举得到朝廷认可正式收编成官办事业的过程。而朝廷之所以对民间百姓的疾苦和慈善事业比较重视，官办慈善机构逐年有所增加，在一定程度上可以说是因苏轼创意的"安乐坊"功德无量，社会效益、社会影响太大所造成的。

三、"直入城中"的"自来水"

宋哲宗绍圣元年（1094），苏轼被贬广东惠州。在惠州，他接到广州太守王敏仲的来信，得知由于广州北靠越秀山，南濒珠江和南海，故地下水多为咸苦的海水。而普通居民只能在家里打一口井，饮用含碱的地下水。这样的饮用水对健康是很有影响的。苏轼因为在赴惠州的贬谪途中曾在广州逗留过几天，善于调查、思考的他对白云山脉的水系和蒲涧山滴水岩的情况有一定的了解。为解民苦，苏轼就给王敏仲去信，建议修建引山上泉水入广州城的自来水：

……惟蒲涧山有滴水岩，水所从来高，可引入城，盖二十里以下耳。若于岩下作大石槽，以五管大竹续处，以麻缠之，漆涂之，随地高下，直入城中。又为一大石槽以受之，又以五管分引，散流城中，为小石槽以便汲者。不过用大竹万余竿，及二十里间，用葵茅苫盖，大约不过费数百千可成。然须于循州置少良田，令岁可得租课五七千者，令岁买大筋竹万竿，作筏下广州，以备不住抽换。又须于广州城中置少房钱，可以日掠二百，以备抽换之费。专差兵匠数人，巡觑修葺，则一城贫富同饮甘凉，其利便不在言也。自有广州以来，以此为患，若人户知有此作，其欣愿可知。喜舍之心，料非复塔庙之比矣。然非道士至诚不欺，精力勤干，不能成也。

苏轼对如何改变广州饮用水的问题交代得多么清楚、具体，"随地高下，直入城中"，不光修建的方法说清楚了，而且修理的经费来源问题也想到了，可以直接操办这件事的人选是勤于事务的罗浮山道士邓守安也介绍了，如何加强管理保护水源的问题也想到了。不是时时关心百姓疾苦的人，能说出这样的话来吗？

王敏仲也是一个办实事的好官，他马上采纳了苏轼的建议，派人实地测量，着手施工。当他把自来水已建造成功的消息告诉苏轼时，苏轼在高兴的同时又考虑到，暴露于地面的二十来里长的竹管，因为引水路远，日久肯定会出现堵塞的情况。于是，他再次致函王古，告诉他解决竹管堵塞的办法：

闻遂作管引蒲涧水，甚善。每竿上，须钻一小眼，如绿豆大，以小竹针窒之，以验通塞。道远，日久，无不塞之理。若无以验之，则一竿之塞，辄累百竿矣。仍愿公擘划少钱，令岁入五十余竿竹，不住抽换，永不废。

引水管道有了这些小孔，就可以查知堵塞位置，而不至于盲目地拆除竹竿来检查，堵塞问题也就解决了。

由于太守王敏仲不遗余力地为广州百姓着想，所以广州百姓都喝上了清凉甘甜的山泉水。从此以后，广州居民因饮水问题而发病的现象就少得多了。

苏轼建议王敏仲所修建的自来水，可以说是广州最早的自来水，甚至是全国最早的自来水。用竹管引山涧水的方法，在南方，有相当一段时间被沿用。苏轼功不可没。

四、火遍大江南北的"东坡肉"

民以食为天。食物，不仅是人类延续生命的需要，更是享受生活的必需。对美好食物的追求，可以说是人类最基本的追求。而火遍大江南北的"东坡肉"，就来源于苏轼对美好食物的追求及创意。

宋人周紫芝在《竹坡诗话》中记载：

东坡性喜嗜猪，在黄冈时，尝戏作《食猪肉歌》云："黄州好猪肉，价贱如粪土。富者不肯吃，贫者不解煮。慢着火，少着水，火候足时它自美。每日早来打一碗，饱得自家君莫管。"此是东坡以文滑稽耳。

若用文学的眼光来看，苏轼的《食猪肉歌》是一首街巷味儿十足的打油诗，正因浅显易懂、朗朗上口，让《食猪肉歌》迅速传遍了全国，《食猪肉歌》所描述的作为红烧肉的"东坡肉"的香气也逐渐开始在五湖四海的厨房中飘散。

追本穷源，"东坡肉"不是一蹴而成的，它最早在徐州创制，在黄州时得到进一步提高，在杭州时闻名全国。

回赠肉是苏轼在徐州期间创制的红烧肉。宋神宗熙宁十年（1077）四月，苏轼赴任徐州知州。八月二十一日，黄河在潭州曹村决口，洪水围困徐州。苏轼以身卒之，亲荷畚锸，率领军民抗洪筑堤保城。经过七十多个昼夜的艰苦奋战，终于保住了徐州城。全城的男女为感谢与他们同呼吸、共存亡的好知州，纷纷杀猪宰羊，担酒携菜上府慰劳。苏轼推辞不掉，收下后亲自指点家人制成红烧肉，又回赠给参加抗洪的百姓。百姓吃后，都觉得此肉肥而不腻、酥香味美，一致称赞，称它为"回赠肉"。从此，它就在徐州一带流传，并成为徐州传统名菜。这在《徐州文史资料》《徐州风物志》《徐州古今名馔》中都有记述。

元丰三年（1080）二月，苏轼被贬到黄州任团练副使。苏轼的朋友马正卿为他请得位于黄州东坡的旧营地，于是他在此开荒种地，自号"东坡居士"。在谪居黄州期间，因当地猪多肉贱，苏轼于是在"回赠肉"的基础上亲自制作红烧肉并写下《猪肉颂》诗："净洗铛，少着水，柴头罨烟焰不起。待它自熟莫催它，火候足时它自美。黄州好猪肉，价贱如粪土。富者不肯吃，贫者不解煮。慢着火，少着水，火候足时它自美。每日早来打一碗，饱得自家君莫管。"

苏轼在徐州、黄州制作的红烧肉，并没有多大名气。真正叫得响的红烧肉，是苏轼第二次在杭州时的"东坡肉"。

宋哲宗元祐四年（1089）一月，苏轼来到阔别 15 年的杭州任知州。元祐五年五六月间，浙西一带大雨不止，太湖泛溢，庄稼大片被淹。由于苏轼及早采取有效措施，使浙西一带的人民渡过了最困难的时期。他又组织民工疏浚西湖，筑堤建桥，使西湖旧貌换新颜。

杭州的老百姓很感激苏东坡做的这件好事，听说他在徐州及黄州时最喜欢吃红烧肉，于是许多人上门送猪肉。苏轼收到后，便指点家人将肉切成方块，然后烧制成熟肉，分送给参加疏浚西湖的民工们吃。他送来的红烧肉，民工们都亲切地称为"东坡肉"。当时，杭州有家大菜馆的老板，听说人们都夸"东坡肉"好吃，也按照苏轼的方法烧制，挂牌写上"东坡肉"出售。这道新菜一应市，菜馆的生意很快兴隆起来，门庭若市。一时间，杭州不论大小菜馆都有"东坡肉"。后来，杭州厨师们公议，把"东坡肉"定为杭州第一道名菜，流传至今。

苏轼对饮食、烹饪都很有研究，他的煮食猪肉，确属烹制得法，按他自己总结的烹饪要领是："慢着火，少着水"，故而烹制出的东坡肉，味极鲜美。"东坡肉"成功与否的关键在于慢火上，因为"慢火"，自然"少水"，要的就是在慢火咕嘟中去除肉中的肥腻，让滋味有更深厚入髓的感觉，如果火候控制不得当，那么肥的腻味瘦的柴牙。

还有一种被称为"东坡汤"的青菜汤，也是苏轼的创意发明。"东坡汤"的制作方法是用两层锅，米饭在菜汤上蒸，同时饭菜全熟。下面的汤里有白菜、萝卜、油菜根、芥菜。下锅之前要仔细洗好，放点儿姜。在中国古时，汤里照例要放进些生米。在青菜已经煮得没有生味道之后，蒸的米饭就放入另一个漏锅里，但要留心莫使汤碰到米饭，这样蒸汽才能进得均匀。这种"不用鱼肉五味，有自然之甘"的"东坡汤"，好吃又有营养，所以苏轼将其推荐给吃斋饭的僧人。

因为"东坡肉"火遍大江南北，而苏轼对饮食、烹饪的研究也广为人知，所以，人们将许多美好的饮食都冠以"东坡"之名，诸如东坡肘子、东坡豆腐、东坡饼、东坡鱼等，而它们，并不一定是苏轼发明的。

苏轼的创意发明还有许多，如提梁壶、东坡笠，将秧船、水碓磨引入广东并加以改进等。这些创意发明方便了人们的生活，提高了人们生活的档次。苏轼真是一个百科全书式的创意大师啊！他的创意思想值得后人永远学习！

参考文献

［1］（汉）王充撰，黄晖校释：《论衡校释》卷十三《超奇篇》，中华书局 1990 年版

［2］（元）脱脱等撰：《宋史》卷三百三十八《苏轼传》，中华书局 1999 年版。

［3］（宋）周辉撰，刘永翔校注：《清波杂志校注》卷上，中华书局 1997 年版。

［4］《东坡文集》卷三十四《圣散子方叙》，中国国际广播出版社 2011 年版。

［5］（宋）施谔：《淳祐临安志》卷七，江苏古籍出版社 1987 年版。

［6］（宋）苏轼：《与王仲敏书》，载《苏东坡全集》卷五十六，珠海出版社 2009 年版。

［7］（宋）周紫芝：《竹坡诗话》卷一，影印文津阁本《四库全书》，商务印书馆 2005 年版。

［8］（宋）苏轼：《猪肉颂》，载《苏轼集》之《颂十七首》，吉林文史出版社 1997 年版。

［9］（宋）苏轼：《东坡羹颂》，载《苏轼集》之《颂十七首》，吉林文史出版社 1997 年版。

《创意管理学导论》读感

A Sense of Reading in *Introduction to Creative Management*

◎ 于爱仙*

YU Aixian

我们的经济社会经历了诸多变革，如今，农业和工业拉动下的经济增长呈现出疲软的态势，新的经济增长方式的兴起是众望所归的。"问渠那得清如许？为有源头活水来。"想要市场经济持有恒久的动力，鲜活的创意必不可少。创意产业能将文化资源转变为经济资源，而其中的价值转换和管理，都需要我们更多地去探索和实践。

一、创意产业，让你对文化上瘾

杨永忠教授所著的《创意管理学导论》提到，同一件非必需普通商品，反复地消费会使得消费者产生厌倦情绪，其带来的经济效益无疑是呈现边际递减趋势的。但对于文化产品而言，其边际效用会随着欣赏文化产品的能力提升而增加。消费者消费创意文化产品的同时，会对该

---

* 于爱仙，四川大学商学院硕士研究生，研究方向：文化创意管理，E-mail：AshleyYuLP@outlook.com。文中《创意管理学导论》简称《导论》，由经济管理出版社 2018 年 9 月出版。

种文化进行学习，并产生潜移默化的归属感，这种学习效应会不断积累消费者的消费资本，更多地促进其进行消费。由此，文化创意带来的经济发展具有持久性和稳定性。

不难发现，当我们对某类文化产品并不知晓的时候，我们很难去主动消费；一旦有了了解，我们会选择与自己"志趣相投"的文化产品。而当我们对这类文化了如指掌的时候，我们不仅会如信徒般虔诚地选择同一文化产品，更会如传教士般不遗余力地向朋友介绍。我们会因为这一文化产品找到朋友，找到团体，找到共同的价值观，找到强烈的归属感，最终对文化上瘾，对文化产品消费上瘾。

世界级奢侈工艺品的消费都是文化消费，消费上瘾使得工艺品受众越来越多，反观我国工艺品行业，却没有打出世界级的牌名。究其原因，可能是因为世界对于中国文化的了解不够深，或者中国的某些文化还不能完全被世界人民所接受。随着中国在国际上不断前进发展，我们可以清楚地看到越来越多的奢侈品品牌在设计中加入了中国文化元素。

但遗憾的是，没有真正理解中国文化的此类作品难以得到国民欣赏。为此，我国的传统工艺品行业应该顺应潮流，推广中国传统工艺品文化，让更多人真切地感受到东方元素的魅力，做出真正具有本土特色的承载中华文化的工艺品。运用文化产品消费上瘾特质，吸引消费者，在消费者中形成归属感，使中国传统工艺品得到文化增值，最终发展出中国的代表性工艺品品牌。

二、创意，可以作为产业来管理

文化来源于社会，反之也会对社会产生影响，对经济产生影响。文化从来都不是独立存在的，以文化为基础的创意产业，不仅与文化学相关，也与管理学密不可分。

举个例子，经济规模效应可以用来进行文化创意产业管理。《导论》指出，由于文化生产的生产效率落后于整个社会生产效率，文化产业产生了"成本疾病"。就表演艺术而言，现场表演艺术的产出就是表演者的劳动，比如歌手唱歌、舞者跳舞、钢琴师弹奏，这很难增加每小时产出，也就难以提高现场表演艺术的生产力。但随着社会经济的发展，现场表演艺术的劳动成本却在上升，这必然造成现场表演艺术的每单位产出的成本上升。也就是说，相对于整体经济，现场表演艺术不可避免地要发生"生产力落后"的问题。

后来的研究发现，规模经济有助于缓解表演艺术的"成本疾病"。这与我以往对于文化生产的认知不同，我原以为文化生产不存在规模经济，只有精心付出了时间，这件作品才是具有高价值的。而对于高附加值文化商品的售卖与购买，也不会考虑规模经济效应的问题。对于现场表演艺术的"成本疾病"问题，让我重新认识了文化商品的生产管理，虽然特殊，但确实可以存在规模效应，在规模经济中提高文化生产带来的利益。具体而言，借助场地技术和传播渠道，熟练的表演人员无须在排练上花更多的时间，就可以提供更大规模、更多场次的演出，由此便产生了规模文化经济。随着人民收入水平的增加，其在不同类型消费品上的消费比例将会改变，消费者会将更多的收入投入文化消费中，如果文化商品保持价格不变，就会吸引更多的消费者。

在现代经济市场中，即使是不以经济为核心的文化行业，也能运用恰当的经济理论实现更高的收益。文化产业蕴含的文化至关重要，对于此行业的管理不仅要重视经济发展，也要关注艺术创作本身，但如果本末倒置，为了经济而发展文化，就无法持续发展，会出现商业排挤艺术的现象，从而出现"开始是艺术，结束是商业"的生命周期演进。

三、创意，文化与经济的冲突

《导论》提及，文化创意的动机有内在动机和外在动机之分，内在动机是创意阶层出于内心追求而自觉地、主动地创造文化创意。在这种动机驱动下，创意阶层的文化创意是一种纯粹的、非经济目的的"为艺术而艺术"的行为，是满足艺术家自身精神层面需要的行为。外在动机是创意阶层受到外在刺激而非自觉地、被动地有时甚至是违背自身意愿地进行文化创意的创造。在这种动机驱动下，创意阶层的文化创意是为了借助文化创意这一介质而获取相应的经济效益，从而满足创意阶层物质层面的需要。有研究针对文化创意的内外驱动力，指出了"挤出理论"，即内在驱动的人被给予外在回报时会引起意外结果，使得本该充当驱动力的因素将失去驱动力甚至起到相反效果。同时，有的学者表明，如果以恰当的外在回报方式给予内在动机以支持，那么将发生"挤入效应"。

文化界中的一个热点问题能够很好地由此效应解释——文学写作。在互联网的发展下，作家发表文章的途径大大增多，随着文学经济的快速发展，很多作家放弃了作为一个创意阶层本该有的"个性"，原本应该具有强烈的个性化与自我表达倾向的作家们因为商业利益和物质层面的需要而将外部驱动力作为自己的写作动机。由此一来，文学创作的数量急剧上升，好的文学作品却是寥寥无几，甚至文学抄袭事件屡屡发生，严重打击了文学界的自我创作，这便是文化创意的"挤出效应"。有部分作家有真才实学，却因为浩瀚文海难以一时间找到出路，导致物质需求得不到相应满足，或因为抄袭事件频发打击了创作热情，不再热衷于以创意为导向创作文学，转而以市场为导向。此时应该运用相应的政策支持来形成"挤入效应"，例如完善文学创作者评选机制、提高一般创作者创作收入、完善并大力推广版权法律等来激励文学创作者，使其重新充满热情，以内在驱动力作为创作动机。

同理，我们可以看到各大旅游景区售卖的工艺品大多大同小异，产地出自某某批发市场，毫无特色地放到景区进行售卖。随着消费者消费意识的提高，此类千篇一律地打着"当地特色工艺品"标签的批发品将难以售出。造成批发工艺品这一现象"滥造"的最初原因，还是商家忽略了创作者内在动机带来的价值，只看到当下的商业利益，而消费者知识水平的提高也增强其文化鉴赏能力，真正具有文化创意者个性精髓的工艺品才能得到市场接受。在"挤入效应"的作用下，工艺品原创者将真正得到社会认可，以内在驱动力为创作动机，将自己所创造的文化价值展现出来。

四、创意，放不下的社会效益

文化创意产业能带动疲软经济的发展，相应地，它必然会缓解疲软经济下出现的社会问题。《导论》中提到的"青神竹编"案例，讲述了青神竹编文化产业带来的社会效益：农民增收，带动了大量农业劳动力就业；解决妇女在家就业问题，进一步解决了留守老人和儿童的社会问题；可持续发展和环境保护。

不仅是青神竹编文化产业，由于文化商品所具有的特殊性，所有的文化产业都具有社会效益，更广泛的表现不仅仅是提高就业机会、保护环境等，而是精神层面的社会效益。大多数文化产品具有意识形态属性和功能，好的文化产品能锻炼消费者对于"美"的认知能力，能够使人获得愉悦的享受，文化产品中的内涵还能赋予消费者正面的价值观。所以文化产品所体现出的文化至关重要，它能通过影响消费者的思想来影响社会文化环境。所有的人都在接受社会文化的熏陶，一个人从孩童时期起就会受到社会风气的影响，好的文化产品所带来的优质文化环境，对于和谐社会的发展是重要的。

相反，那些有害于社会的精神毒品和文化垃圾，对社会所起的消极效应也是难以低估的。所以当文化产品的社会效益和经济效益发生矛盾时，主要应以社会效益为先。必须随时随地地把社会效益作为衡量文化艺术生产和文化活动的最高原则，把经济效益作为保证这一最高原则实现的必不可少的条件。在把社会效益放在首位的前提下，力求实现文化产品社会效益和经济效益的最佳结合。

在创意经济时代，诸多案例表明创意文化是经济持久增长的鲜活源泉，而有效的管理能发挥创意文化的最大经济价值。文化的传承依赖经济的支持，创意的实现需要经济的推动，而文化创意形成的产业能够为经济发展打开一条全新的道路，在这关系中，文化创意管理便是一架桥梁，能够实现二者的交融与发展。我想，这应该也是本书希望达成的其中一个目的吧。我国对于文化创意管理的探索还处于初级阶段，相信更多的关于文化创意管理的研究会推动中国文化经济进一步发展。

创意管理评论 · 第3卷

CREATIVE MANAGEMENT REVIEW, Volume 3

国际创意管理

International
Creative Management

加拿大高等院校艺术管理专业比较分析及其启示

◎ 林明华

◎ 林明华*

摘要：文章基于文案调查获取的数据，从人才培养目标、专业名称、教育层次、办学合作形式、学习年限、课程设置、师资力量等方面比较分析了加拿大主要高校艺术管理专业的特点，在此基础上提出完善我国艺术管理专业的建议。

关键词：加拿大；高等院校；艺术管理；专业设置

一、引言

加拿大艺术机构众多，艺术事业十分发达。从公共艺术领域来看，根据加拿大博物馆协会 2016 年公布的数据，加拿大有超过 2600 家博物馆、公共艺术画廊以及相关遗址机构，从业人员超过 3.2 万人；每年有超过 10.3 万名志愿者无偿为这一行业提供服务，投入的时间超过 560

＊ 林明华，四川理工学院管理学院副教授，博士，硕士生导师，蒙特利尔高等商学院访问学者，研究方向：文化经济与创意管理、艺术管理，E-mail：kid_lin@ suse. edu. cn。

万小时；这些场所每年接待的参观者人数接近 6200 万人，其中学生占 11.61%（Canadian Museums Association，2016）。从表演艺术领域来看，加拿大表演艺术机构超过 1400 家，每年职业艺术家举办的艺术表演活动超过 80000 场次；2014 年现场表演服务为加拿大带来了 25 亿元的产值，提供了 55000 个工作机会（Statistics Canada，2016）。无疑，这些艺术组织持续发展以及大规模艺术活动成功举办需要大量的专业性管理人才即艺术管理人才。

二、加拿大高等院校艺术管理专业之比较

加拿大高校艺术管理专业有较长的办学历史。比如，多伦多大学艺术管理本科专业创办于 1984 年，至今有 30 余年历史，在国际上享有较高的声誉。目前，加拿大有近十所高校设置了艺术管理专业，这些高校承担了培养各类艺术管理人才的重任[①]。这些高校包括多伦多大学（University of Toronto）、英属哥伦比亚大学（The University of British Columbia）、女王大学（Queen's University）、维多利亚大学（University of Victoria）、约克大学（York University）、蒙特利尔高等商学院（HEC Montreal）、麦科文大学（MacEwan University）以及主教大学（Bishop's University）等。这些高校在其官方网站详细介绍了本校艺术管理专业的人才培养目标、课程设置、费用、学习年限、师资力量等相关信息，并且安排专人负责，接受（潜在）学习对象的电话咨询，有些学校的专业甚至有专属官方网站、脸书（Facebook）和推特（Twitter）等。

从人才培养目标来看，概括来说，加拿大艺术管理人才的培养目标是培养在营利性艺术组织、非营利性艺术部门，以及政府机关等机构从

---

① 除特别说明外，本文资料均来源于相应学校官方网站。

事文化和艺术管理工作的高级人才，促进其可持续性发展。尽管都是培养艺术管理人才，但这些高校艺术管理专业的人才培养侧重点各有不同，因此其目标会有所差异。最为典型的，如女王大学、多伦多大学和蒙特利高等商学院的艺术管理（Arts Management）专业是培养服务于文化/艺术组织或政府相关部门的综合性管理人才，而主教大学的艺术管理（Arts Administration）专业侧重培养服务于非营利性艺术组织的综合性管理人才，这些部门包括与戏剧、美术（Fine Arts）、音乐等相关的公共和私营艺术部门。

从专业名称来看，由于艺术管理专业的人才培养目标侧重点有所差异，因此艺术管理专业的名称有所区别，从而也有利于学生选择。例如，女王大学、多伦多大学和蒙特利高等商学院开设的艺术管理专业名称为"Arts Management"；主教大学开设了"Arts Administration"专业，该专业下设戏剧、美术和音乐方向，以及"Arts Management"专业；蒙特利尔高等商学院还开设了"Master of Management in International Arts Management"专业；麦科文大学开设了"Arts and Cultural Management"专业；约克大学开设了"Arts and Media Administration"专业；维多利亚大学开设了"Cultural Resource Management"专业；英属哥伦比亚大学开设了"Cultural Planning"专业；等等。

从教育层次来看，不同名称或同一名称艺术管理专业可颁发不同层次的文凭，包括证书（Certificate）、文凭（Diploma）、研究生文凭（Graduate Diploma）、艺术学士学位（Bachelor of Arts）、管理学硕士学位、艺术学硕士学位、MBA、博士学位等。比如，麦科文大学艺术和文化管理专业颁发证书；皇后大学艺术管理和艺术领导专业颁发研究生文凭、硕士学位；多伦多大学、主教大学的艺术管理专业可颁发艺术学士学位和艺术管理证书；蒙特利尔高等商学院艺术管理专业毕业生可获得研究生文凭、工商管理硕士或博士学位（艺术营销）等；约克大学舒立克商学院开设的艺术、媒介与娱乐管理专业可获得工商管理硕士学位。

从办学合作形式来看，由于艺术管理专业往往需要接触和学习不同学科的知识。因此，高校往往整合校内资源和校外资源联合办学。目前，除蒙特利尔高等商学院国际艺术管理硕士专业实行跨国联合办学（与南方卫理公会大学，SDA 博科尼商学院和安第斯大学合作）外，包括蒙特利尔高等商学院的其他艺术管理专业均是通过整合校内的艺术、管理、经济等专业师资力量以达成办学目标，完成艺术管理人才的培养。

从学习年限来看，根据各自专业培养目标，高校艺术管理专业之间的学习期限有所差异，最短 3 个月，有的甚至可以利用业余时间完成学业。比如，女王大学艺术管理专业学习期限为 3 个月（每年 5~7 月），合格者获得研究生文凭；维多利亚大学文化遗产研究专业除可以利用业余时间完成学习任务外，也可以选择脱产学习 2 年，期满合格可获得证书；约克大学艺术和媒介管理专业完成时间有两种，脱产只需要 2 年，也可以在 5 年内利用业余时间完成学业，毕业生可以获得工商管理硕士学位；攻读蒙特利尔高等商学院艺术管理博士学位的学生则必须脱产学习 3 年，其中 2 年时间用于系统学习包括艺术营销、研究方法等理论，共十余门专业课程，而国际艺术管理专业的学生则只需要 1 年就可以获得管理学硕士学位。

从课程设置来看，所有高校艺术管理专业均采用学分制，通过全面而系统地学习管理、艺术、经济、法律等专业相关学科理论知识以达成培养目标。比如，蒙特利尔高等商学院国际艺术管理学生需要完成三大主题、总计 45 个学分才能获得管理学硕士学位。其中，理论课程共计 39 个学分，毕业论文 6 个学分。主题一：非营利组织和私人部门募资管理（Management of Non-profit Arts Organizations and Private-Sector Funding）。共计 15 个学分，由 5 门课程组成，每门课程 3 个学分。课程包括国际文化政策比较、文化经济与国际艺术营销、艺术筹资、国际法律与艺术、非营利组织预算和财务管理。主题二：营销。共计 15 个学分，由 10 门课程组成，每门课程 1.5 个学分。课程包括文化组织（电影、出版、唱片）、会计管理、文化与艺术组织数据库营销、艺术营销、文化组织领导力、面向艺术与文化的信息技术、创新新形式、文化产业国际营销、文化产品与品牌管理、促销与广告、艺术与文化营销研究方法。主题三：文化产业—毕业论文。共计 15 个学分，由 3 门课程（每门 3 个学分）和 6 个学分的毕业论文组成。其中，毕业论文要求探讨艺术组织或产业相关议题，课程则包括表演艺术管理、咨询管理、遗产管理。主教大学艺术管理（Arts Administration）专业学生需要完成 60 学分的跨学科课程学习（商业课程和方向课程）和 12 学分的艺术管理实践，共计 72 个学分。其中，商业课程共计 30 学分，涉及财务、组织行为、营销管理、国际商业、消费者行为、人力资源管理、微观经济原理和宏观经济原理等课程；专业课程共计 30 个学分，不同方向（戏剧、美术、音乐）的课程截然不同。其中，戏剧方向的课程主要涉及剧院管理、舞台和戏剧节目管理、舞台艺术、表演、加拿大当代戏剧、莎士比亚戏剧、剧院相关技术等理论知识；美术方向课程主要涉及艺术史、西方艺术调查（文艺复兴到新古典主义时期）、加拿大艺术、大众文化、摄影、公共艺术与纪念碑、艺术与自然、视觉艺术、当代艺术、艺术实践、艺术批评、博物馆、艺术社会学等理论知识；音乐方向的课程主要涉及音乐史、文学、音乐理论、作曲、合奏等理论知识以及音乐实践研究和音乐选修课。

从师资力量来看，加拿大艺术管理专业的师资集聚了校内外各相关专业的高水平教师，兼顾产业实践者，专业负责人往往是有着丰富实践经验以及理论研究水平较高的教授担任。以蒙特利尔高等商学院国际艺术管理专业为例，该专业负责人由具有丰富行业工作经验和理论水平高的 François Colbert 教授担任。Colbert 教授曾任加拿大国家艺术委员会副主席，是联合国教科文组织文化管理委员会主席、艺术与文化管理国际会议创始人和学术委员会主席，并担任众多政府机关和知名艺术机构咨询顾问。他目前出版发表了与艺术管理有关的文章和书籍超过 150 篇（部），其中，法文专著 *Marketing de les artes y la cultura*（中译名：《文化产业营销与管理》）被翻译成英文、德文、阿拉伯文、意大利文、西班牙文、俄文、韩文、塞尔维亚文等十多种语言，是文化艺术管理领域的权威著作。2002 年、2013 年先后两度获颁女皇钻禧纪念奖章（Queen Elizabeth Ⅱ Diamond Jubilee Medal），以表彰他在文化艺术管理领域所做出的杰出贡献。

三、启示

我国艺术机构和文化场馆众多，文化活动蓬勃发展。《2015 中国文化及相关产业统计年鉴》的相关数据显示，2014 年，我国文物保护管理机构达 3280 个，从业人员 37843 人，参观人数达 12182 万人次；烈士纪念建筑物管理机构达 1516 个，从业人员 10201 人，参观人数达 7561.4 万人次；艺术表演机构达 8769 个，从业人员 262887 人，演出场次达 174 万场，国内演出观众达 91020 万人次；文化系统表演艺术场馆共 1338 个，从业人员 25709 人，场馆演出达 78.1 万次，观众达 6844.4 万人次。然而，我国艺术管理人才比较紧缺，从业人员素质也有待进一步提高。我国高校和科研院所无疑是培养我国艺术管理人才的重要基地，加拿大艺术管理专业设置经验可以为我国高校和科研院所设置和完善艺术管理专业提供借鉴。

第一，艺术管理专业培养目标应明确，并且从专业名称上加以区分，从而有利于学生选择以及目标实现。

第二，高校和科研院所可设置不同教育层次的艺术管理专业，并且同一专业可设置不同方向。

第三，灵活安排学习方式。根据专业培养目标和学生特点，学生可选择脱产或业余时间完成学业。

第四，充分整合资源联合办学。一是校际联合办学，包括与国内外知名院校、知名艺术机构合作办学；二是校内院系联合办学。

第五，采用学分制。按照人才培养目标，学生完成规定学分和专业要求即可获得相应证书。

第六，课程设置跨学科。依据艺术管理人才培养目标，开设与管理、艺术、经济、社会、文化、专业领域技术相关以及研究/调查方法（尤其是博士学位更应注重）等课程。课程设置应着重提高学生专业理论知识水平以及提升学生综合素养。

第七，师资队伍以理论界专家学者为主，兼顾实践界人士；专业带头人最好是具有丰富行业实践经验的理论界知名专家担任。

第八，充分利用互联网扩大本校艺术管理专业的社会影响，如开通官方网站、微信公众号、微博、脸书、推特、QQ 等。

参考文献

［1］Canadian Museums Association. The State of Museums in Canada Brief to the Standing Committee on Canadian Heritage ［EB/OL］. June 2016. https：//museums. in1touch. org/uploaded/web/docs/Advocacy/CMA_Recommendations_CHPC_2016_EN. pdf.

［2］Statistics Canada. Performing Arts Statistics ［EB/OL］. May 2016. http：//www. capacoa. ca/en/services/arts-promotion/statistics#presenters .

［3］国家统计局社会科技与文化产业统计司，中宣部文化体制改革和发展办公室. 2015 中国文化及相关产业统计年鉴 ［M］. 北京：中国统计出版社，2015.

The Comparison and Inspiration on the Programs of Arts Management among Universities in Canada

LIN Minghua

Abstract: This paper explores the programs of arts management in Canada universities from talents' cultivating mission, program's name, academic degree, cooperation forms, duration of study, curriculum design, and faculties, using a comparative analysis. Finally, some suggestions of improving the program of arts management in China colleges and universities are proposed.

Key words: Canada; Colleges and universities; Arts management; Construction of program

创意管理评论·第3卷
CREATIVE MANAGEMENT REVIEW, Volume 3

作品鉴赏

Appreciation of Creative Works

CREATIVE MANAGEMENT REVIEW

建川博物馆聚落

Museum Cluster Jianchuan